ツッコミ読み

裏切りの日本昔話

ながたみかこ

笠間書院

はじめに

ツッコミどころ満載の日本昔話

「開けちゃいけないものをなんで渡すかね？」（浦島太郎の玉手箱）

「まだ一度も戦ってないのに日本一を名乗っちゃうわけ？」（桃太郎の旗）

日本昔話にこんな疑問を感じることはありませんか。

私はあります。しょっちゅうあります。だって、日本昔話ってツッコミどころ満載なんだもん。

疑問を感じるとあれこれ仮説を立ててみたり、文献をあさったりして答えを求めます。先人の論文に触れて納得する場合もあれば持論に行き着く場合もありますが、この行程の楽しいことといったら！

ところで「昔話とは何か」を人に説明するとしたら、みなさんはどんな言葉を選ぶでしょうか。「古い時代に書かれた、子どものための話」といった感じかもしれません。もちろんこれもひとつの正解ですが、すべての昔話がこれに当てはまるわけではありません。江戸よりもっと時代をさかのぼると、人々は口伝えで物語を楽しんでいました。囲炉裏端に集い、語り部が昔話を披露する。そこには大人も子どももいました。昔話は世代を超えた娯楽であり、囲炉裏端を舞台としたエンターテイメントでもあったのです。

大人の娯楽でもあったわけですから、時代をさかのぼると艶話《つやばなし》や欲にまみれたような話に行き着いたりします。現代もホラー映画やコメディ映画などがあるように、昔話もただ怖いだけだったり面白いだけだったり。そこに教訓を求めたりせず、純粋に楽しんでいたことでしょう。

大人の娯楽だったのだと考えると、日本昔話を真剣に読みたくなってきませんか？　大人になってから改めて昔話を読んでみると、子どもの頃に抱いた疑問がふっと解けることもありますし、人生の示唆を得ることもあります。たどり着いたその答えはひょっとしたら間違いかもしれませんが、それでもいいのです。昔話は特定の作者がいるわけではありませんから「この捉え方は作者が書きたかったテーマと違うかも」などと考える必要もありません。

本書では有名な昔話を中心に12話取り上げて、裏読みしたりツッコんだりしつつ考察を広げました。嫉妬、不倫、策略など、大人の事情をたっぷり詰め込み、考察のあとには視点を変えたショートストーリーや、登場人物への人生相談などのおまけコーナーもあります。

固いことは抜きにしてまずは大人が伸び伸びと楽しんでくだされば、こんなに嬉しいことはありません。

目次

第1章

浦島太郎

——乙姫の愛と復讐

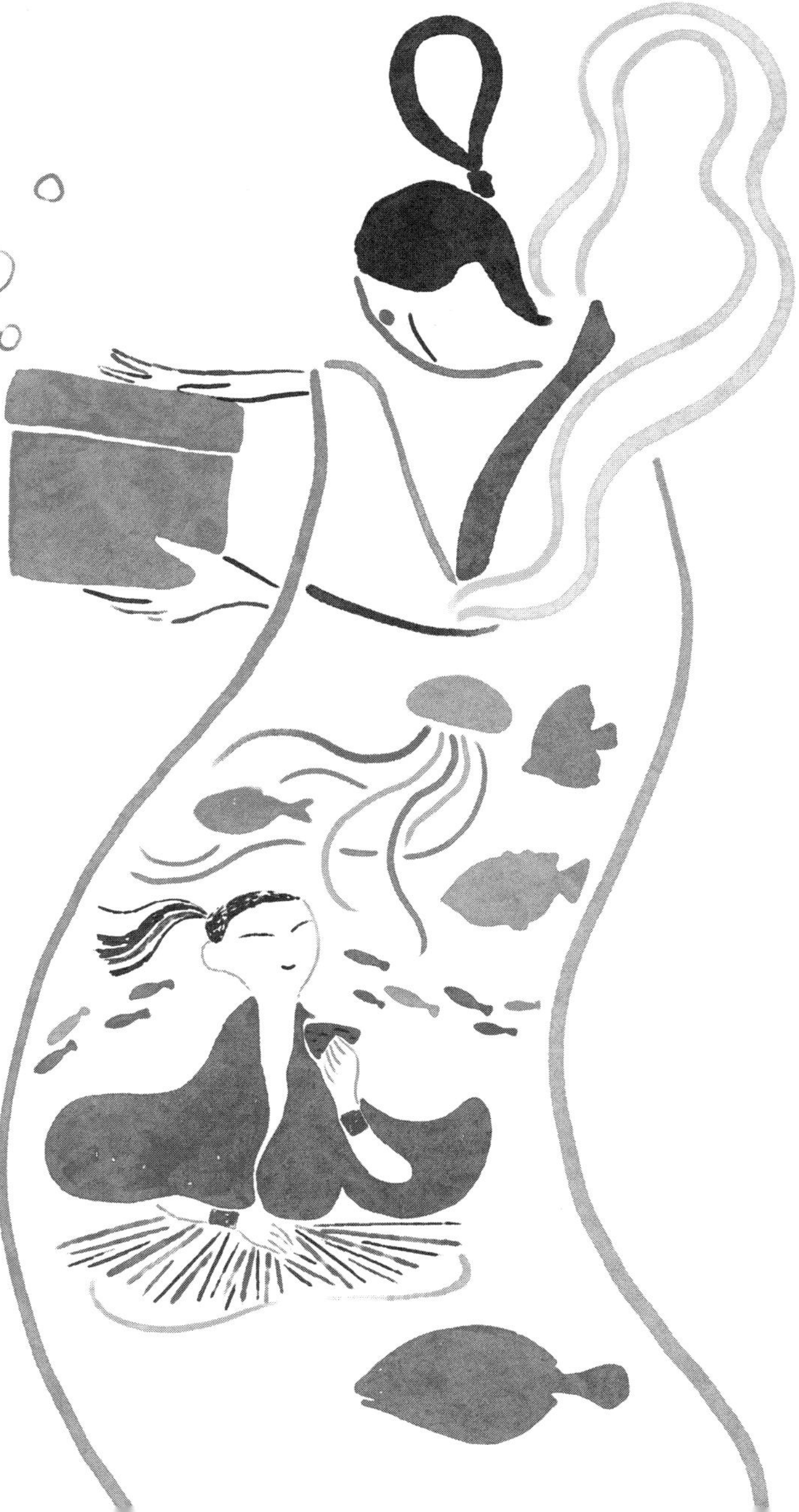

第1章

浦島太郎

——乙姫の愛と復讐

あらすじ

海辺の町で母親と共に暮らす漁師、浦島太郎。ある日彼は、浜辺で子どもたちにいじめられている亀と出くわす。浦島は亀を助けて海に放つ。亀は返礼として、海底の竜宮城に浦島を連れて行く。

竜宮城は金銀財宝で飾られた立派な建物で、庭も夢のように美しい。そこで彼を迎えたのは、見目麗しい乙姫だった。

「お礼に2〜3日遊んでいってくださいませ」

浦島は滞在を決めた。竜宮城の広間には気持ちのよい音楽が流れ、魚たちが艶《あで》やかに舞い、食べたことのないご馳走と酒が並ぶ。

楽しい時間はあっという間に流れ、2〜3日のつもりが3年経過してしまった。

「おっかあが心配だからそろそろ帰るよ」

第1章 浦島太郎

「それではこれをお持ちください。決して開けてはいけませんよ」

浦島が帰ると、村は見知らぬ人ばかり。自分の家もなくなっていた。

道行く人に尋ねてみた。

「このあたりに浦島太郎という者がいたはずだが……」

「３００年前にそんな人がいたという話だね。竜宮城へ行って帰ってこなかったらしい。おっかさんは息子を心配しながら死んだそうだ」

浦島が寂しさに耐えかねて玉手箱を開けると紫色の煙が立ち上り、身体を包んだ。煙が引いた後、そこに現れた浦島の姿は白髪の老人と化していた。

考察●

玉手箱は乙姫の復讐

避けて通れない玉手箱問題

日本昔話に詳しくない人でも「浦島太郎」の話は知っていることだろう。話の中には、亀、竜宮城、宴会、玉手箱……といった魅力的なワードがずらりと並ぶ。特に気になるのは摩訶不思議なアイテム「玉手箱」だろうか。乙姫に「決して開けてはいけません」と念を押されて手渡される箱だ。

その中に入っているのは煙、いや、煙に見えるけれど、その正体は３００年の年月であり、浦島自身の魂である。開けたとたん煙が立ち上り、浦島はたちまち白髪のお爺さんになってしまう。

玉手箱を開けてはいけないのなら、最初から渡さなければいい。この状況で開けない人などいるわけがない。この結末は報恩どころか制裁である。乙姫のねらいは何だったのか。

浦島太郎を考えるとき、この問題はどうしても避けて通れない。玉手箱とその周辺の問題について考えてみたい。

イケメンイケジョのおふたり

まずは、浦島太郎の原話と言われる『丹後國風土記（逸文）』を紐解いてみたい。

昔話版の浦島太郎では、亀を助けた礼として、使いの者が浦島の元に現れ竜宮城に連れて行くことになっている。しかし、『丹後國風土記（逸文）』では、亀はいじめられてなどいないし、子どもも出てこない。浦島はただ釣りをしていて、彼の垂れる釣り糸に5色の美しい亀が食いつき、怪しく思った浦島が亀を船の中に置いてみると、比類なき美人となった。これが乙姫だったのだ。

引き上げられた船上で、乙姫はこのようなことを言う。

「雅《みやび》なイケメンが海の上に一人で漂っているなんてビックリ！　素敵なあなたと仲良くお話ししたくって、私、すっとんで来ちゃったわ。私は天上仙家の神女。私のこと、どう思います？　私、あなたと暮らしたいんだけど」

乙姫、グイグイ行くねぇ。これに対して、浦島は「望むところです」と答えている。なんと早い決断。結婚は勢いとタイミングが大事だから、これはこれでよい。浦島が亀を釣ったと思いきや、実は乙姫が彼を釣っていたというわけである。肉食女子の情熱的な逆ナンだ。

浦島の外見については、「人となり姿容秀美《かたちうるは》しく風流《みやび》なること類《たぐい》なかりき」とある。彼は類い稀《まれ》なイケメンだったので、乙姫のお眼鏡に適《かな》ったというわけだ。漁師の男というと、日焼けした体育会系の細マッチョを想像してしまうが、彼は線の細い美男子だったようだ。

雅な男性をちょっと想像してみよう。動作はひとつひとつがゆっくりで、決して大声を上げたりせず、話し方は穏やかに違いない。近くをきょろきょろ見るようなことはなく、視線はいつも遠くに漂わせ、つかみきれないような雰囲気。よく言えば上品、悪く言えば薄ぼんやりした男ですかな。

乙姫はどんなタイプの美女なのか書かれていないので分からないが、押しが強いので雅なイメージは湧かない。はっきりとものを言い、自己主張するというのは自信の表れ。背筋がピンと伸びて堂々とした美女だったのではないだろうか。

乙姫の住居に到着した浦島は、彼女の両親と対面し語り合っている。また、ふたりは「夫婦の理《ことわり》を成し」たとあるので、両親公認のれっきとした夫婦になったわけである。

この日から蓬山《とこよ》（竜宮城に該当する場所）での生活が始まる。毎日毎日、酒とご馳走を楽しみ、歌や舞を鑑賞し、性欲を満たし。贅沢三昧の浦島だったが、3年が過ぎた頃、帰宅を希望する。

「故郷が恋しいし親にも会いたいので、地上に帰ることを許してくれないか」

乙姫は嘆き悲しむも、玉匣《たまくしげ》（玉手箱）を渡して彼を地上に戻す。

このあとの流れは周知の通りである。変わり果てた故郷で玉手箱のふたを開けると、たちまち白髪の老人に。３００年の月日が流れていたことを知る。

乙姫は、すでに浦島の母が死んでいることは知っていたはずだ。帰らないでくれと彼女は涙を流すが、帰らないで欲しいのなら、母親はもう他界しているから帰郷の必要はない、長遠な時が経っているから帰っても意味はないのだと告げればいい。

しかし彼女は別れを惜しむばかりでこのことには一切触れず、しれっと玉手箱を渡す。真意はどこにあるのか。結婚関係にあったふたりなので、浦島は離婚を言い出したことになる。玉手箱は、突然離婚を言い出した浦島に対する制裁だろうか。謎の深まる玉手箱問題。

永遠の少年

ここで昔話版の浦島を見てみよう。

関敬吾編『日本の昔ばなし(Ⅲ)』所収の「浦島太郎」には、浦島は40歳、母親は80歳だと明かされていて、稼ぎがないから結婚しないと浦島は語っている。

「浦島よ、浦島よ、わたしが丈夫なうちに嫁もらってくれ」「わしはまだ稼ぎがないから、もらっても食べさすことができん。お母があるあいだは、日に日に漁をして、このままで暮すわい」

浦島、マザコン疑惑。そして、仕事できない人疑惑。

40歳にして母とふたりきりの生活を望むとは。年老いた母親に甘え放題の毎日を送っているのかもしれない。母が結婚を勧めたのは、ひとりではなにもできない息子を案じてのことだろう。

それに対し、浦島はこのままがいいと言う。嫁をもらう稼ぎがないのなら、漁のやり方を変えればいい。男手がひとつしかなく、かつ、ひとりで漁をおこない家族をささえている男はきっと他にもたくさんいる。稼ぎがないから結婚できないのではなく、結婚を望んでいないから稼ごうとしないのだ。

たまたま釣れない日々が続くこともあるだろうし、天候などの関係もあるだろうが、浦島の場合はそういう問題ではない気がする。40歳まで毎日漁をしているにもかかわらず、稼ぎがないのだ。たとえ才能がなくても、その仕事が自分に合っていなくても、ひとつのことを長年やり続けたら実力がついてくるはずなのだ。それが続けることの大切さでもある。

また、竜宮城に行ってから、母のことを3年も思い出さなかったということも気になってしまう。母ひとり子ひとりの生活をしてきたのに、3年も思い出さないなんてあり得るだろうか。もし仮に同居していなかったとしても、故郷や身内を思う瞬間くらいはあるはずだ。

現代の絵本や童話では、浦島が竜宮に滞在したのは3日間だとされていることが多い。3年も思い出さないことが不自然なため、修正されたのかもしれない。

河合隼雄は『昔話と日本人の心』の中で、浦島と母親の結びつきについて述べている。息子が母親から自立していない状態の表れだという。昔話版の浦島で、物語の冒頭から母と子ふたりきりの家族構成が書かれているのは、

また、鎌倉時代の浦島では「いとけなかりけるかたち」、『古事談』では「如幼童」という言葉で浦島の幼さが表現されていることを指摘。浦島は社会に適応できない「永遠の少年」を想起させると論じている。

永遠の少年は自分の才能を曲げることを嫌い、自分にぴったり合う場所が巡ってくるのを待つ。そのような場所がこないのは、社会が悪いのだと考えるそうだ。

永遠の少年という言葉で連想するものがある。ギリシア神話のナルキッソス。水に映る自分に恋をしたナルシシストだ。他人を愛することができず、ただ自分だけを愛した美少年。

浦島もこれではないのか。彼が毎日釣り糸を垂れていたのは、美しい自分を海面に映して楽しむためだったのだ。だから釣りも上達しなかった。仕事をしているふりをして、実はうっとりと自分の顔を見つめていた。ぎゃー、きもっ。

愛するものは自分だけというナルキッソスの性質をみたときに、浦島が3年も母親を忘

れていたことにも納得がいく。彼の母親への思いは実に自分勝手なものだった。精神が成長していない。自分の都合で愛したりすっかり忘れ去っていたりする。竜宮城での生活に夢中で、母を思い出すことすらなかったのは、まさに子どもそのもの、永遠の少年だ。

出来心で生命を奪う

武者小路実篤の「浦島太郎の出発」は、浦島の視点から書かれた散文詩だ。

ここでの彼は近所で変人扱いされ軽蔑されているほどの空想家で、いつも夢うつつ。今は世を忍ぶ仮の姿であるが、本当はどこかの国の王であると本気で考えている。彼の中ではそのうち美しい姫が迎えに来る予定なので、それを待ちながら海辺にいるというのだ。

うーん。不気味。

実篤の描く浦島は、いじめられている子亀を助ける。そのあと、亀の背中に乗って海の中に消えていくところで話は終わるのだが、背に乗るまでのやりとりに注目すべきところがある。

亀に礼を言われた彼は、助けたのは出来心だから礼など言われると恥ずかしくなる、と返事をする。そのあと、こんなやりとりがある。


「それでも貴君《あなた》は出来心で私の子供を救って下さったのです。

いたずらっ児も出来心で私の子を殺そうとしたのでしょうが。

出来心で殺されるのはたまりません。

しかし出来心で命を救われるのは感謝しないではいられません」


浦島は黙った。

彼は出来心で釣をして、魚を殺しているからだ。

亀の子はつゞけて云った。

「浦島さん、竜宮へいらっしゃるお考えはありませんか」


改めて気づく。

彼は漁師だ。仕事とはいえ、多くの魚を殺しているのだ。乙姫や海の生き物たちから恨まれていてもおかしくはない。亀をたった１匹助けたくらいでは、その怨みを帳消しにはできないのではないか。

伊勢の民話「竜宮へ行った海女」

私は三重県伊勢市に生まれた。伊勢志摩と言えば海女に灯台、真珠養殖に牡蛎《かき》養殖など、海の名物が多い土地だ。全国の海辺の町には、浦島伝説が残っている土地も多い。伊勢志摩にも、竜宮に行って帰ってきたという海女の話が残っている。

ある婆さんが海女仕事に出たまま帰らないので、村人たちは「婆は海の中で死んだ」と思い、葬儀を済ませた。しばらくして戻った婆さんは、行方不明中の出来事を語った。

海女仕事中の婆さんは海の底で竜宮を見つけた。そこにいたのは神様だった。婆さんは神様と謁見し参拝、桐《きり》でできた小さな玉手箱をもらう。例にもれずこの神も玉手箱を開けることを禁じた。

「開けなければ家が繁盛する。開けると7代の間、盲目の子が生まれてくる」

この話は村に広まって、庄屋の耳に届いた。中身が見たい庄屋は、頼み込んで婆さんに開けさせた。出てきたのは、8畳ほどの大きさの蚊帳《かや》だった。この蚊帳がどうしても箱の中に戻ってくれず、困り果てた婆さんは氏神に相談した。氏神は「海の神との約束を守らないからだ」と叱りつけた。

このあと、婆さんの家では「約束は必ず守ること」という家訓ができ、これを守りつつ仕事に励んだため、家は栄えた。生まれてきた子がどうだったのかは話の中にない。

結末には納得いかないが、ここでは触れないでおく。なにはともあれ、婆さんは助かったのだ。

海女は海に潜ってウニやサザエやあわびを採る。つまり漁師、浦島と同業だ。ふたりとも竜宮へ行き玉手箱を持ち帰った。ふたりとも禁を破ってふたを開けた。婆さんはその後も普通に生きられたが、浦島は生きられなかった。

海女の仕事は冬が休みで、春から秋が漁の時期だ。シーズンが始まる前には海神をまつる神社に参拝し、海の生命をいただくことを詫《わ》び、無事故を祈るという。この行事は昔から続いていて、今もなお変わっていないそうだ。美しいならわしである。

きっとこの婆さんもシーズンの前には参拝したであろうし、海の底で見つけた竜宮でもやはり参拝した。竜宮で宴会に興じていた浦島とは随分違う。多くの生命を奪っていたとしても、婆さんは懺悔《ざんげ》ともいうべき参拝をしている。同じように玉手箱をもらっても両者の結果が違うのは、このあたりに起因するのではないだろうか。

玉手箱は憎しみの箱

さて、玉手箱問題の結論を出したい。

浦島に玉手箱を渡した理由は、乙姫と海の生き物たちの憎しみだ。この一言に尽きる。長年にわたり海の生き物を殺し続けた浦島に対する復讐《ふくしゅう》だ。浦島を絶望させたのちに殺してやろう。これが目的だったと考える。

竜宮での態度が違えば、結果も変わっていた可能性はある。ただただ自堕落に過ごした浦島。顔がいいだけのダメ男だ。きちんとした人物ならば、母を忘れてこのように過ごしたりはしない。ただでさえ浦島に恨みがあった乙姫だが、怠惰な姿を見せられて、嫌悪感は増幅したことだろう。

玉手箱を渡した乙姫は無事、復讐を遂げることができた。浦島の母の寿命が尽きるまで引き留めたのち、地上に戻して絶望させ、老人にして命を奪った。浦島のいなくなった竜宮城は歓喜に満ち、いつもより盛大な宴会が開かれたことだろう。

おまけ・掌編小説

選ばれし者

1

また多くの民が犠牲になった。

乙姫はため息をつく。

釣り人には近寄るべからず
不審な食べ物に食いつくべからず
追われても岩陰に逃げ込むべからず

このような決まり事を作っても、あまり効果はない。釣り針に仕掛けられた餌に騙《だま》され、銛《もり》に追われ、投網に不意打ちをくらう。たくさんの仲間が漁師の手にかかり帰らぬ者となってゆく。

仇《あだ》を討ちたい。海の民は私の宝なのだ。

姫はいつも報復の機会をうかがっていた。

その日も沖から頭を出して磯を見やると、毎日見かける男がいた。藍色の漁服に腰蓑《こしみの》、細身の身体に背中まで伸びた長い髪。風が吹くたびに後頭部の高い位置でたばねた髪が揺れるが、男は身動きせずに釣りに熱中している。

毎日毎日、ほぼ一日中海に出ている。この男に、一体どれだけの生命を奪われたのか。憎しみが募る。

足をつかんで海に引き込むのもいいが、もっと懲らしめてやりたい。じわじわいくのがいい。獲物がたくさんいるとでも言って、城におびき出そうか？

男が身体の向きを変えたので、顔立ちが見てとれた。小さめの顔に細い顎、目は涼やかでありながらも力強い。鼻は美しく三角形を描き、ほんのり赤みの差した唇は上品だ。

「なんとまあ、雅な漁師だこと」

警戒されてはいけない。男に気づかれないうちに、彼女は海に戻った。

2

さっき女が俺のこと見ていたなあ。海の中に入っていったってことは、あれは人魚か？すごく高貴な雰囲気だったから、人魚の姫だったりして。

そういえば最近視線を感じることがよくあるんだが、ひょっとして今の人魚姫かな。俺に気があるのかな。やっぱり育ちがいいと見る目があるよなあ、うんうん。

釣り糸を引き上げた。なくなっている餌をつけなおし、もう一度、糸をたらす。

こないだおっかあに結婚しろって言われたけどさ、そんなもん俺まったく興味ないよ。だってさ、結婚したいほどの美人なんてそうそういないもん。俺のとなりに並ぶのは、かなりの美人じゃないと釣り合わないでしょ？

「あーっ！　そうだ!!　さっきの人魚さんならいいね！　俺にぴったりじゃね？」

浦島は思わず声を上げた。あまりにいい考えだと思ったからだ。しかしさすがに恥ずかしかったのか、きょろきょろと周りを見ると咳払いをして座り直した。

まあでも、俺くらいの美形なら、そのうち婿入りの話が絶対来るから。働かなくてもいいような婿入り先が見つかるから。だから、嫁をもらってせっせと働くなんてバカバカしいんだよ。早くどっかから迎えに来てくんないかなあ。

どこまでも続く海原は、どこまでも懐が深い。どれだけ愚かな妄想であっても、拒絶することなく受け止めてくれる。浦島は毎日毎日海に足を運んでは思う存分妄想にふけったのだった。


いじめられている子亀と出会ったのは、翌日のことだった。子どもたちが寄ってたかって暴力をふるっている。

普段なら通り過ぎる浦島だが、なぜか助けなくてはいけないという思いに駆られた。

「放してやんなよ」

「だったら、代わりのおもちゃをちょうだい」

「ああ、昨日の稼ぎの銭があらあ。全部くれてやるわ」

子どもたちは金を受け取り、浦島は亀を海に放してやった。

「おじさん、気前がいいね」

「動物を助けると恩返しされるっていうのが、昔話の定番だからな。えへへ」

「恩返しなんて信じてるの？　子どもだなあ」

子どもたちが去ると、入れ替わりに大きな亀が岸に向かって泳いできた。

「おっ？　ご恩返しか？」

思わず気持ちが躍る。

亀は浜にあがると、浦島を見据えてゆっくりと口を開いた。

「先ほど助けてもらった子亀の親です。私たちの国の姫がご恩返しをしたいと申しております。是非いらしてください」

「キターッ!!」

3

「人魚さんかと思ったら、竜宮のお姫様だったのですね。俺を選ぶなんて見る目ありますよ」

竜宮に着いた浦島の、開口一番がこのセリフだった。

乙姫は面くらいつつも、精いっぱいの作り笑顔で迎える。

「私たちの国の亀がお世話になりました。しばらくゆっくりと遊んでいってくださいませ」

終わりのない宴会がおこなわれている広間へと案内する。

「うわーっ。うまそーっ！」

席に着くが早いか、浦島はがっつき始めた。

見かけは雅だけれど、中身は子ども以下、幼稚な男だわ。ま、今のうちに楽しんでおくといいわ。もうすぐ破滅の時がやってくるのだから。

浦島は頬張りながらしゃべり続ける。

「それにしても、庭もめちゃめちゃきれいッスね。こういうのを絵にも描けない美しさって言うんですかね。あー、だめだ。俺、語彙力なくって」

ないのは語彙力だけじゃないでしょうが。脳も足りないんじゃないの。下品極まりないわ。

思わずそう言いたくなるが、言ってしまったら計画が台無しだ。

しばらく滞在させたあと、玉手箱を持たせて帰らせる。それだけで計画は成功するのだから、今は我慢。

浦島の母親は80歳か。どのくらいここにひきとめればいいだろう。１００日くらい宿泊させれば、地上では27年経っていることになる。母親は元気みたいだけれど、そのくらい経てばもう他界していることだろう。そこで帰宅させたら浦島は孤独老人となる。そのあとどうしてやろうか。

浦島が寝てしまってから、彼の釣り竿や魚籠《びく》はこっそり処分した。ここで道具を使われることは阻止したいし、あんな道具が目に入るだけで悪夢にうなされそうだった。

4

来る日も来る日も、浦島は自堕落に過ごした。乙姫は１００日も引き止めれば十分だと考えていたのだが、浦島が帰ろうとしない。遊興の日々を捨てたくはなかったのだ。

しかし3年が経過して、浦島は違うことを妄想し始めていた。

ここは俺のいるべき場所ではない。俺は選ばれし存在で、どこかの王が婿に欲しがったりするはずなんだ。それがここではどうだ。乙姫の婿になったわけじゃないし、俺の才能とも言うべき美形もなんにも生かされちゃいない。俺の才能が発揮できる場所は他にあるはずだ。俺はここにいるような小さい人間ではない。

広場で杯をかたむけながら、浦島は告げた。

「俺はそろそろ帰ることにするよ」

「やっと……？　あ、いえ、なんでもありません。どうなさいました？　飽きておしまいになられましたか？」

「きっと故郷のみんなが、俺のこと待ってると思うんで。亀を助けて竜宮に行った男として、きっと話題になってると思うんで。そんでもって、竜宮での体験を聞かせてくれとかなんとか引っ張りだこになっちゃったりして！　俺、有名人になっちゃったりして！　今度こそ国王の婿になっちゃったりして〜！　エヘヘヘ」

バカなの？　ねぇ、バカなの？

国の大切な魚たちはこんなバカに殺されたの?!

乙姫の嫌悪は頂点に達した。

「それでは、ご帰宅の準備を整えますわね」

乙姫は別室に閉じこもった。

貝殻に彩られた瀟洒《しょうしゃ》な重箱を用意して、ふたを開ける。

上の段には「魂」を入れましょう。見た目には煙のようなもの。箱を開けると外へ流れ出し、魂は一気に老化するわ。もう地上では３００年経っている計算よ。一気に年老いて、浦島は干からびて死ぬことでしょう。

ふたを開けさせるのは簡単なこと。「絶対に開けてはいけない」と言っておけば必ず開けるでしょう。人間とはそんなもの。

2段目には「手鏡」を入れておきましょうか。老化した顔を見ずに死んでしまうなんてつまらないですものね。ご自慢の容姿が崩れ去ったことを認識するといいわ。

お母様が亡くなっている。知った人は誰もいない。たちまち老人となる。シワだらけの顔を鏡が見せつける。ふふふ。絶望のどん底で黄泉《よみ》へと旅立ちなさいな。

乙姫は満ち足りた気持ちで玉手箱のふたをしめると、組紐で封印した。


浦島は城門前で待っていた。

乙姫はうやうやしく玉手箱を渡す。

「お名残おしゅう存じます。どうかお元気で。

この箱をお持ちください。決してお開けになりませんように」

「きれいな箱だ。竜宮へ行ってきた証拠になる」

浦島は受け取った箱をながめまわす。

「いいですか、決して開けてはなりませんよ」

長年の復讐が、ようやく、終わる。

第2章

たにし長者

——入れ替わった男

第2章

たにし長者

——入れ替わった男

あらすじ

「子どもが欲しい。蛙《かえる》の子でもたにしの子でも構わないので、どうか我が子を授かりますように」

子のない老夫婦が水神に願いをかけた。願いがかなって婆さんは出産したが、生まれた子はたにしだった。

成長したたにしは頭が良く、馬をあやつって長者に年貢米を届けるほどの知恵があった。長者は不思議なたにしを身内にしたくなり、ふたりの娘のうちどちらかを嫁にやるとたにしに持ちかけた。

「虫と結婚て。無理」

父親が勝手にたにしと約束してしまったので、長女は激怒。一方、次女は「お父様がせっかく決めたんですものね。私が嫁に行くわ」と、まさかの神対応。結婚式は派手におこ

なわれ、たにしの夫と嫁、老夫婦は共に暮らし始めた。嫁はよく働くので、暮らし向きはよくなっていった。

　春になり、たにしの夫婦は村の鎮守の祭りに出かける。薬師様の鳥居の前までふたりで行くが、たにしは「わけがあってこの先は行くことができないのでひとりで行ってくれ」と言う。嫁がひとりで参拝し、鳥居まで戻ると、たにしがいなくなっていた。日暮れまで探し続けたが見つからず、落ち込んだ嫁は入水自殺を決意。実行に移すところで、見知らぬ男に声をかけられた。

「わしはお前さんの婿のたにしだ。お前さんが薬師様にお祈りしてくれたおかげで、人間の姿を手に入れることができたんじゃ」

　人間となったたにしは、とても立派な若者だった。この奇跡は町に広く知れ渡ったので商売も繁盛し、たにしの長者さんと呼ばれるようになった。

考察

たにしとの婚姻は消し去りたい黒歴史

神対応の娘

この話に出てくるたにしは人間の子として生まれ、人間と結婚する。「たにし」とはもちろん、淡水に住む黒い巻き貝のことだ。うっかり茹でて食べようものなら泥の味しかしない貝。それはもはや貝ではなく泥の玉だと言いたくなる貝。貝ヒエラルキーがあるとしたら、サザエやアワビは頂点あたりに君臨していて、たにしはおそらく最下層に位置するのではないか。

人間と人間以外の結婚を描いた話のことを「異類婚姻譚《たん》」と呼ぶ。人間は昔話の中で実に色々な生物と結婚する。雪女だったり、山姥《やまんば》だったり、鬼だったり。獣では猿、犬、狐、

鶴。忌み嫌われる生物では、蛇や蛙などがある。色々な生き物がいるが、それでもやはり、結婚相手としてたにしの存在はぶっちぎりで異色だ。

私はたにしをけなしたいのではない。たにしとの結婚をあまりもあっさり受け入れた長者の娘に、違和感を覚えずにはいられないのだ。私が言いたいのは「たにしと結婚するなんて、なんか魂胆があるでしょ」ってこと。これを言いたいがために、泥の玉だとか最下層だとか色々とたにしさんに失礼な発言をしてしまった。ごめんなさい。

「たにし長者」のタイトルの通り、主人公はたにしだ。たにしが知恵と策略で富を手に入れ、さらに人間の肉体を手に入れて「たにしの長者さん」と呼ばれるようになるサクセスストーリー。しかしながら物語の主軸よりも、娘によるサイドストーリーに目が行ってしまう。

長者の勝手な約束で娘は結婚しなくてはいけなくなったのだが、たにしの嫁になることを何故あっさりと受け入れたのか。抵抗する様子も嫌悪する様子もまったくないし、結婚生活に耐えている描写もない。普通の夫婦のように生活し、貞節につとめ、デートに出かける。祭りで姿が見えなくなったときには、自殺を考えるくらい落ち込む。娘は一切耐えていない。それどころか、ラブラブ生活満喫中である。

……ってことは、私の思い違いか。この子はたにし好きのマニアックな女ってことかな。素敵なことだなぁ。

一時的にそう思ったものの、気になる記述がいくつも目につき、再度の翻意。結局、こう考えるようになった。

「娘はたにしを殺した」

たにしは人間になって最後まで登場しているじゃないか、と抗議されそうだが、この男はたにしではないと考える。ただの人間であり、別人物だ。

色々なエピソードを詳しく見ていこう。

才能を発揮し、大出世

たにしが長者の家に年貢を納めに行ったのは、爺さんがたにしの息子を持ったことを嘆いたからだ。年老いてきた爺さんは、農作業などの仕事がきつくなってきた。年貢米を納めに行くのも一仕事だ。

「水神様にお願いして息子を得たと思ったら、なんの役にも立たないたにしだよ。そのくせ、飯ばっかたらふく食いやがって。わしは一生働き続けて、婆さんとたにしの息子を養

っていかなきゃいけない。うんざりだ」

たにしの息子は、神棚に供えられたお椀の中で生きているだけだった。お椀のそばに飯を置いておくと、いつの間にかなくなっている。なにをするわけでもないのに、毎日たっぷりの飯を食べていたのだ。

しかし、身勝手な愚痴ではある。子どもであるならばたにしの子でもいい、と願ったのは自分たちだ。しかしそれは本心ではなかった。やっぱりたにしではいやなのだ。役立たずのたにしなんていらなかったのだ。

この愚痴をきっかけに、たにしは言葉をしゃべるようになった。爺さんの言葉を聞いて傷ついたのか、奮起したのか、なにか思うところがあったとみえる。

「今日はおらが年貢米を届けに行くよ」

米俵のつけられた三頭の馬。爺さんの手により、たにしは米俵の間に乗せられた。たにしは「はいどう、はいどう」「はいはい、しゃんしゃん」などと声を上げたり馬方節を歌ったりしながら、馬を誘導して長者宅に到着した。

人々は不思議がった。人が曳《ひ》いているわけでもない、なにも乗っていない。年貢米を背につけた馬が、自力でたどり着いたのだ。

自力でたどり着いたように見えたが、実はたにしの力だ。お椀の中で生きているだけの存在だったたにしが、突然大業を成し遂げた。大革命である。

馬をあやつる見事な技に長者は驚き、たにしを自分のものにしたくなった。そのためには娘を嫁にやり、義理の息子にするのがいいと考えた。そしてこの話をたにしにもちかけたのだ。……ったく、なんちゅう父親じゃ。

たにしは初めてしゃべって初めて外出をした日に、嫁を見つけた。しかも相手は長者の娘であり、美人だ。超ラッキー。芸は身を助けるのだ。この特技のおかげで、爺さんの見る目も変わり、たにしをありがたがるようになった。爺さんにとっては実の息子だというのに、ただのたにしでは認めず、役に立つものだと分かったら手のひらを返して受け入れる。人間って勝手ね。

本書8章に「猿の聟入り」を取り上げている。これも異類婚姻譚で、父親が「3人の娘のうちひとりを嫁にやる」と猿と約束してしまう。姉たちは揃って嫌悪を示して辞退するが、末娘はすんなりと引き受ける。末娘は嫁入りの日に猿を騙《だま》して殺し、嫁に行くことなく家族の元に帰還する。末っ子が引き受けたのは嫁入りではなく殺害だったと言っても過言ではない。殺してしまえば、嫁入り話はなかったことになる。

この「たにし長者」でも娘があっさりと嫁に行ったのは、「猿の聟入り」の末娘のように殺害を決意したがゆえではないのか。父親が余計な約束をしてきてしまった。なかったことにするには婿を殺すしかない、と考えたのではないか。

別パターンのたにし長者

長者の娘を嫁にもらうシーンには、別のパターンがある。こちらも非常に興味深いので『日本昔話集成』（関敬吾著）を底本にして紹介しておくことにする。

役立たずだったたにしがある日しゃべったので、驚いた爺さんは長者に見せに行った。そこでたにしはふたりの美しい娘に会い、妹に恋をする。

たにしは妹を嫁に欲しいと爺さんに相談するが、爺さんは「たにしでは無理だ」と諫《いさ》める。たにしは「米をひとつかみ用意してくれたら娘を嫁にもらってくる」という。爺さんは米を用意した。

たにしは長者の家に泊めてもらうこととなった。夜、たにしは米を「にたにたにた」と噛んで柔らかくし、眠っている娘の口の周りに塗りつけ、娘が米を盗んで食べたと言いがかりをつけ、大騒ぎして泣きじゃくった。そして、勘弁してやる代わりにと結婚を許可させたのだった。

馬をあやつる話も、こちらの米の話も、たにしの頭の良さが分かるエピソードだ。ただし米の話は知恵といっても悪知恵であり、感心できるものではない。娘は寝ぼけて自分が食べてしまったと思ったのだろうか。

いや、娘は案外、自分がはめられたことに気づいていたと思う。気づいてはいるけれど、口には噛み砕いた米がついていて言い逃れができない。どうやってついたのか分からないが、釈明できないのだから黙るしかない。犯人はたにしだということはピンときていて、いつか報復してやると時を待つことになったのではないか。

米バージョンのエピソードを優先したとしても、娘によるたにし殺害説は揺るがない。

殺害事件発生

さて、核心に迫っていこう。たにし殺害事件は祭りの日に起きた。春、たにし夫婦が訪れた薬師神社の祭りでの出来事だった。注目すべきポイントがたくさんあるので話の流れを記しつつ、番号をつけてみる。こちらの底本は『日本の昔ばなし（Ⅰ）』（関敬吾編）である。

祭りの日、娘は①着物の帯の結び目にたにしを入れて家を出た。一の鳥居までやってきたところで、たにしは言った。

「わしのことはどこかそのあたりの田んぼのあぜ道にでも置いといてくれ。わしは待っているからお前ひとりでお参りしておいで」

娘は承知し、あぜ道にたにしの夫を置いて、ひとりで神社に行った。参拝をすませて戻ってくると、置いたはずの場所に夫がいない。田んぼにはたくさんのたにしがいるものの、どれも夫ではない。②娘は田んぼに入り、歌いながら夫を捜した。

つぶやつぶ
わがつまや
烏《からす》というばか鳥に
ちょっくらもっくら
刺されたか

探しても探しても夫は見つからず、娘は落ち込み、入水自殺を決意。深みに飛び込もうとすると、見知らぬ男が声をかけてきた。

③「これこれ、娘や、なにをしている」

④深編笠をかぶり、尺八を腰にさした男だった。

娘がこれまでの出来事を話したあと、もう死のうと思っていることを打ち明けると、男は告げた。

⑤「わしがそのたにしじゃ。お前さんが今日薬師様にお参りしてくれたので、人間になることができた。⑥水神様にお礼のお参りに行って帰ってきたが、お前さんと行き違いだったようで、探し回っていたんじゃ」

　ふたりは若くて美しい夫婦となったので、家も新しく建て直し、商売をはじめた。商売は繁盛して、夫婦も親戚もみんな幸せに暮らした。

現れた男はたにしではない。別人だ。順に見ていこう。

①の場面で、たにしをすんなりと帯の結び目に入れることができたのは、たにしには持ち物がなかったからだと考えられるが、④で現れた男は深編笠と尺八を持っている。そんなものを持っていたら、帯の結び目などに入れられるわけがない。また、物語の中でもたにしが尺八を吹く場面はなく、夫のたにしは尺八を所有していないはずである。

③は、夫が妻にかける言葉ではない。まるで初対面の人間に対する声のかけ方である。

⑤のセリフも変だ。普通なら「自分は夫のたにしだ」と最優先で告げることだろう。娘の話を全部聞いてから自分がたにしだと告白するのは怪しすぎる。

⑥水神様に今のタイミングでなんのお礼を？　礼を言うべき相手は人の姿に変えてくれた薬師様ではないのか？　この男は当事者ではなく、今聞いたばかりの話なので内容がよく飲み込めてなかったのではないのか。

では、たにしの夫はどこへ行ってしまったのか。口ずさんだ歌詞のように、烏に食われてしまったのか。否、烏に食われてなどいない。知恵者のたにしがおとなしく食われて終了ということはないだろう。娘があぜ道に置いたあと、即、踏みつけたのではないか。貝を確実に殺すにはこれが一番の方法のはずだ。

なにしろ、夫がいなくなったのに、この妻は②で歌を口ずさみつつ探しているのだ。悲しんでなどいない。喜んでいる証拠である。どれだけ探しても、夫のたにしはもう見つかるはずはない。そう考えると悲しそうなふりをしたくとも、思わず歌が口をついて出てしまったのではないか。入水自殺しようとしたのは、たにし殺しを疑われないための狂言だろう。

では、現れた男は誰なのか。深編笠に尺八。見た目からすれば虚無僧だろうか。喜捨を乞いながら全国を旅している虚無僧。全国行脚が億劫《おっくう》になってきていたところに、娘と出会いこの話を聞いた。しかも娘は美人で、長者の子だという。

しめしめ、これは乗らない手はないぞ。これでもう托鉢《たくはつ》なんざしなくとも生きていける。

虚無僧はほくそ笑んだ。

娘は娘で、この話に乗っておけば夫を殺したことは闇に葬られる。その上、たにしの夫は人間になったというセンセーショナルな話を自身のエピソードにすることもできる。この嘘は墓場まで持っていこう。娘は固く心に決めた。

そんなところではないのだろうか。

たにしの死骸が田んぼにひとつ沈んでいる。娘は死骸の前で新しい夫と出会い、幸せそうな笑顔を見せる。

たにしが夫だったことはもう忘れましょう。悪い夢だったんだわ。

娘はくるりと死骸に背を向け、新しい夫と肩を並べて去ってゆく。静かな田舎の田園風景が、不気味なほど平和に広がっている。

おまけ・悩み相談室

昔話のキャラに聞け！

G・ムカシノ　「悩み相談室　昔話のキャラに聞け！」の時間がやってきました。私、司会のG・ムカシノです。本日のゲストは、貝とは思えない行動力と頭の良さで人々を魅了した、たにし先生です！

たにし　こんにちは。よろしくどうぞ。

G・ムカシノ　さっそく、相談に行ってみましょう。東京都のA子さんと電話がつながっています。

A子さん、お悩みをどうぞ。

A子　よろしくお願いします。

私は仕事に就いた経験がありません。就職しなきゃとは思うんですが、自分に自信が持てなくて。面接を受けるのも怖いんです。ネットで「成功体験があれば自信が出る」という記事を見たのですが、成功体験なんかなんにもないんです。それ以前に、自信がないから挑戦もできないのに、成功なんてできるわけがないし。悪循環って分かってるんですが、抜け出せません。資格もないし、人生詰んだって感じです。この先どうしたらいいのでしょうか……。

G・ムカシノ 就職するために自信をつけたい。そのためには成功体験が必要なのではないか、とのこと。たにし先生は色々な成功をしていますが、いかがお考えでしょうか。

たにし A子さんは、成功ということを大げさに考えすぎなんじゃないかねぇ。

A子 大げさ、ですか。

たにし そうじゃよ。あんたさんは、もし結婚するなら、金をたんまり持っていて顔がよくて気立てもいい若者を見つけたいと思っておるんじゃなかろうか。仕事をするなら、みんなから羨ましがられるような大企業に行きたいと思ってるんじゃなかろうか。そんな成功体験は、なかなかできるもんじゃない。もっと気軽なことから成功していけばいいんじゃよ。

A子 気軽なこと……。

たにし 自分の得意なことをやってみたらいい。それなら、そんなに難しくはないはずだ。わしは動物とやりとりするのが得意だ。なんせわし自身が野生の生き物だからなあ。だから、馬をあやつってみたんだよ。得意なことだったからうまいこといった。そして自信もついたし、運も開けた。

A子 でも私、得意なことなんてなんにもないんです。

たにし うーん、それなら小さい成功を重ねるといい。例えば、掃除はどうだ。10日間毎日掃除するという目標を立てて、達成したらまた同じ目標で開始する。10日ごとに成功していくわけだから、ひと月で3回の成功を味わうことになるじゃろ。これも自信がつくぞ。

A子 へえ、そんなことでいいんですか。

たにし 成功をすると脳が喜んで、ドーパミンが出る。するとやる気が出て、また成功して、またドーパミンが出て……といい循環が繰り返されていく。そうしてどんどん成功が積み重なっていくんじゃ。小さな目標でもドーパミンは出るから、難しい目標は立てなくていい。

G・ムカシノ さすが先生、たにしなのに難しい言葉知ってますね。

たにし あっ、そうそう。わしはしゃべるようになる前、出される飯を全部たいらげることを目標にしておったんじゃ。なんせたにしの身だからのう。茶碗いっぱいの飯を食うのも大変なんじゃよ。全部食えると、嬉しくて仕方なかったさ。こんなことで成功体験を積んでおったんじゃ。だからそのあと長者の家でも堂々とできたのかもしれん。

A子 ご飯を食べることも成功体験ですか。目からうろこです。それなら私もできそう。

たにし　じゃろ？　わしはその頃、茶碗の中で暮らしていただけだぞ。ニートじゃよ、ニート。A子さんと一緒！

A子　そっか、たにし先生もニートだったんだ。スピード出世ですね。

たにし　そう！　人生なんて、急に変わったりするもんだ。詰んだなんて、ただの思い込みじゃ。幸せはこの手でつかむ！　それが大事！

A子　でも、先生のやり方はちょっと強引な気もするんだけどな。

たにし　なにを言うか。確かにちょっと強引なところはあったのかもしれんが、嫁を幸せにしてやったんだし、爺も婆も嫁の親戚連中も、みーんな金持ちにしてやったんだぞ。みんな幸せなんだから結果オーライじゃ。どいつもこいつも、わしに感謝しとるに決まっておる。

A子　そ、そうですか。誰にも恨まれてないといいですね。特に奥様とか……。ふみつぶされたりしませんように……。

G・ムカシノ　さてそろそろ時間が来たようです。本日は貴重な話をありがとうございました。次回の「悩み相談室　昔話のキャラに聞け!」をお楽しみに。次回のゲストは「鶴の恩返し」で部屋をのぞいてしまったあの男性です。ではまた。

第3章 こぶとり爺さん

——異端の象徴としての「こぶ」

第3章

こぶとり爺さん

——異端の象徴としての「こぶ」

あらすじ

右の頬に大きなこぶを持つ爺さんが、山のふもとに住んでいた。とても気のいい爺さんだった。となりの家には短気な爺さんが住んでいて、左の頬に大きなこぶがあった。ふたりは木こりをしながら生活をしていた。

ある日、気のいい爺さんが山へ行くと、笛や太鼓などによる囃子《はやし》の音色が聞こえた。音は大木のうろから聞こえてくる。そっとのぞいてみると、うろの向こうには青鬼、赤鬼、大鬼、小鬼など、さまざまな鬼の姿が見えた。鬼たちは音楽と踊りで大騒ぎの真っ最中だったのだ。

踊りが大好きな爺さんはわくわくする気持ちが抑えきれなくなり、鬼の輪の中に躍り出た。

ピーヒャラ　ヒャラヒャラ　ドンドンドンドン

第３章
こぶとり爺さん

ピーヒャラ　ヒャラヒャラ　ドンドンドン
「なんだこの人間、踊りがうまいじゃないか、わははは！」

「いいぞ爺さん、うわっはははは！」

爺さんのおどけた舞に、鬼たちは大喜び。明日も来るようにと約束させられ、こぶを質にとられた。

となりの短気な爺さんは、気のいい爺さんのこぶがなくなったことを知った。事情を聞いた短気な爺さんは、自分のこぶもとってもらうために宴に参加する。しかし、鬼が怖くて膝がガクガク。うまく舞うことができず、鬼たちを怒らせてしまった。

「下手くそめ。こぶは返してやるから二度と来るな！」

鬼が投げつけたこぶは短気な爺さんの右頬に命中し、そのままくっついた。こうして短気な爺さんは、ふたつのこぶを一生持つことになってしまったのだった。

考察

ともに不幸になったふたりの爺さん

悪者のいない優しい世界

こんなに優しくて楽しい昔話が他にあるだろうか。悪者がいないのだ。日本の昔話においてふたりの爺さんが出てくる場合、ひとりは幸運を手に入れる正直爺さんで、その家のとなりには、最後に痛い目にあう強欲爺さんが住んでいる。しかし、この話に出てくるとなりの爺さんは強欲者ではない。現代の絵本などでは「暗い」「心が狭い」との表現がなされているが、「こぶとり爺さん」の原話とされる鎌倉時代の説話集『宇治拾遺物語』所収の「鬼に瘤《こぶ》取らるる事」には、そのような性格的な負の要素は一言も書かれていない。

鬼もただ酒を飲んで楽しい時間を過ごしているだけで、最後のこぶのくだりまでは爺さ

んに危害を加えることはない。繰り広げられるのは、ただ、爺さんと鬼軍団の交流。それだけだ。

主人公の爺さんはこぶをなくすという「福」を得た。一方、となりの爺さんはこぶをつけられて「罰」を受けたようなものだ。彼は悪いことなどしていないし、強欲心を起こしたわけでもない。なぜ、こぶが増えるという憂き目を見なければいけないのか。踊りが下手だったから？ そんな殺生な。踊りがうまい人なんて、そうそういませんて。

この物語には、文字に書かれていない真実がありそうだ。原話とされる「鬼に瘤取らるる事」を中心に読み解いてみたい。

鬼と対等の異形

「鬼に瘤取らるる事」の冒頭で主人公の爺さんのエピソードが述べられている。

これも今はむかし、右の顔に大なるこぶある翁ありけり。大かうじの程なり。人にまじわるに及ばねば、薪をとりて世をすぐるほどに山へ行きぬ。

爺さんのこぶは大きいみかんほどの大きさで、こぶのために彼は人と交流しづらくなり、木こりとして生活するようになったという。外見が人と違うために世捨て人のように生活する。これは異形《いぎょう》の悲しみだ。爺さんは人間でありながら、異形という部分では鬼と仲間でもあったのだ。

物語ではこのあと、色とりどりの肌に鮮やかな着物をまとった鬼や、目や口がひとつしかない鬼などがずらりと並ぶ。鬼たちは１００匹ほどもいたというから、大宴会である。そこへ爺さんが木のうろから登場する。この様子がとてもユーモラスだ。

えぼしははなにたれかけたる翁の、こしによきといふ木きる物さして、よこ座の鬼のゐたる前にをどり出《いで》たり。この鬼どもをどりあがりて、「こはなにぞ。」とさわぎあへり。おきな、のびあがりかゞまりて、舞べきかぎり、すぢりもぢり、ゑいごゑをいだして一庭を走まはりまふ。

面白い部分なので直訳する。

烏帽子《えぼし》を鼻のあたりまでたらした翁が、腰には斧《よき》という木を切る道具をさして、鬼の親玉の前に躍り出た。鬼たちはびっくりして飛び上がり、「これはなんだ」と大騒ぎ。
翁は伸び上がったり丸まったりと、めいっぱい身体をくねらせ、かけ声をかけながら、あたりをかけまわるように舞った。

これは、鬼もびっくりしたよねぇ。

こぶを持った爺さんがボスの前に飛び出して、身体をグネグネさせて奇声を発しながら走り回るんだもの。その上、鼻のあたりまでたれた烏帽子は顔の一部に見えたかもしれないし、リーチは短いけど破壊力のありそうな武器を持っているし、身体をくねらすたびに顔のこぶは不気味に揺れるし。

——あれも武器か？　中に玉を仕込んでいるのか？

——顔をブンと振ってこちらに飛ばすつもりではないか？

鬼たちは得体の知れぬ異形に驚き、未知の恐怖に身を震わせたことは想像にたやすい。

爺さんは、鬼のひしめく宴会に「あはれ走出《いで》てまはばや」（走り出ていって舞ってみようか）

などと考えた。尋常な精神状態ではない。彼が舞っている様子は残念ながら「鬼に瘤取らるる事」には書かれていないので、『日本昔話集成　第二部本格昔話2』（関敬吾著）所収の「こぶとり爺さん」から引用する。

爺は調子に乗せられて歌をうたひながら踊つた。
くるみはぱつぱあぱあづく
おさなきやあつの、おつかあかあの
ちやあるるう、すつてんがあ

爺ちゃん、テンション高いね、はじけてるね。「すってんがあ」のところで「すってん！」と転んでおどけたんだろうなあ。なんか可愛い。

彼は爺さんと呼ばれる歳になるまで、外見が原因で人目を忍んで生活せざるを得なかった。彼の心には、人間や社会に対する鬱屈とした思いが蓄積されていたのかもしれない。

宴会は鬱憤を発散させるにはもってこいの場所。しかも異形の集まりだ。

「わしの輝ける場所み〜つけた♪」

そんな思いがとまらなかったのかもしれない。

異形の彼がようやく見つけた居場所――そう思うと、楽しい宴会の風景も少し切なく見えてしまう。

笑いの意味

さて、正体の分からない異形が武器を持って現れた。恐怖に身を震わせる鬼たちの頭にはこんな文字が浮かんだ。……かも。

「モンスターがあらわれた！」
たたかう
にげる
いかく
かんげいする

鬼たちが選んだのは「いかく」だ。「かんげいする」ではない。威嚇している様子は物語には出てこないし、鬼の親分は「こんなに楽しいのは初めてだ」と上機嫌。だが私は、鬼が笑顔で歓迎していたとは思えないのだ。
だって、あの登場の仕方だよ？
ボコボコにされて、食われてもおかしくないと思わない？

こぶとり爺さんに出てくる鬼を、天狗だと伝えている地域もある。柳田國男は『定本第7巻』所収の「笑の文学の起源」で「天狗笑ひ」について論じている。

「天狗笑ひと称して深山の奥などで、不意に天地も響くやうな高笑ひの声を聴くことがある。さうすると人は『取つて食はう』と言はれた時よりも、なほ一層恐れて縮み上がつてしまふ」

「笑は一つの攻撃方法である。人を相手とした或積極的の行為（手は使はぬが）である。寧《むし》ろ追撃方法と名づけた方が当たつて居るかも知れぬ」

天狗笑いは威嚇の笑いだ。山に突然けたたましい笑い声が響く。これ以上山に足を踏み入れるな、という威嚇だ。これを聞くと「取って食おう」と言われるよりももっと怖くて縮み上がると柳田は述べている。

　また、和歌山県の「山オジ」は気に入らないことがあると大声で笑い、高知県の「山女《やまじょ》郎《ろう》」はケタケタと不気味な声で笑って人の肝を吸って殺す。

　伊藤龍平は『江戸幻獣博物誌』において、「山人はよく笑う」「人を見て笑うのは、山人の典型的な行動パターンの一つ」であると述べている。また、「山人に限らず、異形のモノの『笑い』は友好の証しではなく、自身のテリトリーを侵した者に対する威嚇であった。」と広く異形の笑いについても論じている。彼らの「笑い」は親愛や友好の気持ちを表すものではなく、威嚇であり攻撃の表情なのだ。

　宴会に集っていた鬼たちも山に住む異形だ。この笑いの論に当てはめて考えてみると、機嫌よく笑っているように見えたのは威嚇だったということになる。

　いきなり踊り出した異形の爺さん。いくら舞がうまくとも、何者か分からないのにすぐに受け入れることはできないだろう。

――この爺さん満面の笑みじゃねえか。俺たちを威嚇しやがって。

――こっちも威嚇してやろうぜ。

――ひぃ、爺さんさらに笑ってやがる。負けんじゃねえぞ。

　威嚇が威嚇を呼び、沸き返る。山には身の毛がよだつほどの、鬼の高笑いが響きわたったのではないか。

山で笑い合うというのは恐ろしい行為である。例えば、妖怪ヤマオラビは人間と大声を出し合って最終的に人を殺してしまう。異形と勝負をするというのはとても危険なことなのだ。しかし爺さんは負けることなく、最後まで笑い続けた。そうして鬼たちは爺さんのことをすごいやつだと認めた。男子ふたりが殴り合いのケンカをしたあと、地面に寝っ転がってワハハハハと笑い合うような感じだ。

「鬼に瘤取らるる事」ではこのあと、鬼は今後の酒盛りに爺さんを誘う。

「これからもこの宴会に来い」

「言われなくても来るつもりでした。今度はもっと静かな舞をお見せします」

爺さんは約束した。

約束をすっぽかさないように、鬼は爺さんの大事なものを奪っておくことにした。このとき鬼のセリフに「瘤は福の物」という印象的な表現が出てくる。

「こぶは福の物だから、それをいただくか」

「やめてください！　目や耳ならいいけれど、これだけは！」

こぶはもぎ取られた。鬼の価値観では、こぶは福の物だったのだ。

となりの爺さんの悲劇

昔話では、となりの爺さんは舞が下手だったからこぶをつけられてしまったとされる。

しかし真実は「鬼が約束を守ったから」だ。

となりの爺さんは、自分もこぶを取ってもらおうと鬼の宴会に参加する。となりの爺さんが姿を見せたとき、鬼たちは「この爺さんは誰だ」といった反応は見せなかった。

「爺さんが来ています」

「こっちに来てすぐに舞え」

と、昨日の爺さんと見分けがついていない様子を見せた。

例えば私たちも、同色、同種の2匹の犬を見分けるのは難しい。同じように、鬼にとっても似たような人間を見分けることは難しかったのではないだろうか。爺さんは左頬にこぶを持っていたけれど、それは気にならなかったということだろう。「鬼に瘤取らるる事」のラストシーンでも「質のこぶ返してやる」という鬼のセリフがあるので、別の人間にこぶをつけたとは思っていないはずである。

鬼が怖くてたまらない爺さんは、足はガクガク身体はヨレヨレのひどい舞を披露した。

「今度はえらく下手くそだな」

鬼は不愉快になったものの、爺さんは昨日「今度はもっと静かな舞をお見せします」と言った。前日の元気な爺さんの舞と比較したならば、下手だろうがうまかろうが、静かな舞であることには違いない。約束通りこぶは返さなくてはいけない。

鬼は「こぶは返してやるから帰れ」と爺さんにこぶを投げつけた。こぶは右頬にしっかりとくっついて、となりの爺さんは両頬に大きなこぶを持つことになってしまった。別人のように下手だったので（実際別人だったのだが）、もう宴会に誘われることはなかった。

異形から凡人へ

主人公の爺さんはこぶがなくなったことを喜んでもいないし、悲しんでもいない。静かに帰宅する爺さんの様子は、無感情で魂が抜かれたようである。爺さんは本当にこぶが大事だったのかもしれない。

爺さんは二度と鬼の宴会には参加しないだろう。もう異様なほどの陽気さは持ち合わせていないし、第一、こぶがない。こぶは異形の証だったのだ。こぶがなければ宴会に参加する資格はないし、取り返しに行くほどの元気も湧いてこない。

爺さんはすっかり平凡なただの爺さんになってしまった。それが幸せなのか不幸せなのかは、誰にも分からない。

おまけ・掌編小説

ボタンの掛け違い

山の酒場、茅葺庵《かやぶきあん》のカウンター席に爺さんは腰を下ろした。勢いよく腰掛けたせいか、両頬のこぶが小刻みに揺れる。

ついていない日じゃ。こぶを取ってもらうつもりが、逆につけられるだなんてのう。

どぶろくをオーダーすると、女将さんが目を伏せて無言でうなずいた。茅葺庵は太い梁《はり》がむき出しの古民家で、このあたりの酒場はここ一軒だけだ。客は主に木こりで、物怪《もののけ》も訪れるときがあるが、大抵人間に姿を変えている。女将さんは山姥《やまんば》という噂もあるが、真実は謎だ。

茅葺庵特製のどぶろくが爺さんの手元に置かれたとき、となりの客が声をかけてきた。

「おう、爺さん」

鬼だった。

あの宴会にはでかい図体のやつやら目がたくさんあるやつやらと恐ろしい姿の鬼がわんさといたが、この鬼は赤い身体で角を持ってはいるものの、人と変わらぬ大きさで表情も

穏やかだ。

このくらいの姿なら、爺さんも怖がったりはしない。爺さんは鬼をチラと見やっただけで、手元のぐい呑みに視線を落とした。

「わしにまだなにか用か」

「そうカッカしなさんな」

「カッカはしとらんが。憤りは感じておる。なぜこぶを付けられなきゃいけなかったのかと」

「俺は下っ端の鬼で、人間に近い部分もあるからなんとなく分かるんだが……。お前は最初の爺さんとは別の人間じゃねえのか？」

「ああ、そうじゃよ。わしはあの爺さんの家のとなりに住んでおる」

「やっぱりそうか。なんだか行き違いみたいなことで、こぶがついちまったな。お前にひどいことをするつもりじゃなかったんだよ。鬼は怖い存在かもしれないが、約束は守る生き物だ。こぶは返すと約束したからには返さなきゃいけねえ。ヨボヨボの舞で楽しくもねえが、そこは仕方がない。約束通りこぶを返した、それだけだ」

「約束とはなんだ」

「前の爺さんと交わした約束だよ。また宴会に来たらこぶを返してやるっていう約束。こぶは質だったんだ」

「そうか。それでわしに返したというわけか。約束の話を詳しく聞いていたら、こんな失敗はなかったかもなあ」

爺さんは右頬のこぶをさすった。

「もうひとりの爺さんは、お前にきちんと伝えなかったということか」

「鬼に『また来いよ』と言われてこぶを取られたとは聞いたが、行ったらこぶが返ってくるとは聞いてない。あの爺さんも、わしが行っても返されるとは考えてなかっただろうしな。仕方がない」

ふたりはどぶろくをちびちびと口に含む。このどぶろくは果物のような甘みが癖になる。ほんのりと酔いが回り会話もいつもより幾分楽しく感じられ、無口な爺さんも舌が回る。

「なあ、鬼よ。わしはこぶを持っているせいで人目を忍んで生きてきた。だが実を言うとな、それだけじゃないんだ。そもそも人付き合いが苦手じゃから、人と関わらなくてもいい仕事を選んだんじゃよ。なのになんで鬼の宴会なんぞに行ってしまったんだろうなあ。うまくやれるわけなんかないのにのう。人と会わない生活をしているんだから、こぶくらいあったっていいんじゃ。爺さんのこぶのないつるんとした顔を見て、わしもなんとかしたいと色気を出したもんだから失敗した。わしが悪いんじゃ」

「すべては自分の責任だというのか。お前はこのあと、ふたつのこぶをかかえて生きていくんだぞ？」

「ああ、ますます静かに生きていくしかなかろうて」

「さらに静かにか？　それじゃあ、どんどん生きる場所が狭くなっちまうよ。『鬼のやつ、許さん』とか『あのジジイだけいい思いしやがって』とか思わんのかね？　もうちょっと性悪にならねえと、損ばっかしちまうぞ？」

「許さんとか思うても、鬼相手に仕返しできるわけでもねえしなあ。あの爺さんも、いい思いしたのかどうか……」

「どういうことだ？」

「あの爺さんは、本当にこぶに愛着があったんじゃねえのかな。今朝も見かけたが、なんだか元気がなかったよ。わしの顔を見て『おめえにこぶが付いちまって申し訳ねえなあ。引き取れるもんなら引き取りたいもんじゃ』と言うておったわ」

「ほう、そうなのか」

「この先、わしの顔を見るたびに、こぶを思い出すわけじゃ。つらいだろうなあ。わしだって、いい気持ちはしねえがな」

「爺さんはふたりとも悪くないのに、ふたりとも不幸になってる。なんだこの昔話は……」

「ふん。ボタンの掛け違いみたいなことが、不幸な結果を生むのは珍しいことではないさ」

「しかし、しつけにも教訓にもならねえ話だな。悪いことしてない主人公と準主人公が、不幸なんだからなあ」

爺さんは少しの間、まぶたを閉じてぶつぶつと独り言を言い「そうだ、これだ」と目を開け、芝居じみた口調で大きな声を出した。

「鬼めぇ、となりの爺めぇ、どうしてくれよう！」

「ははは。なんだなんだ」

「このセリフがどこかに書き留められたら、わしが意地悪爺さんだったからこぶを引き受けることになったと、後世に伝わるかもしれんじゃろ」

「ああ、そういうこともあるかもなあ」

「そうしたらこの不幸な事件も、皆、納得いくじゃろう。いい爺さんに福がやってきて、悪い爺さんが罰を受けたと。そしたら丸くおさまるってもんだ」

「はっはっは。どこまで馬鹿な爺さんなんだ。まあいい、飲もうぜ」

「おう。鬼めぇ、となりの爺めぇ、どうしてくれよう！」

爺さんと鬼の夜は心地よく更けてゆく――。

第4章 手なし娘

——継母の執念とその背景

第4章

手なし娘

——継母の執念とその背景

あらすじ

娘は幼い頃から継母《ままはは》に憎まれて育った。娘の父親は継母の言うことばかり聞いていたが、娘は聡明だったため継母の言いなりにはならなかった。

娘が15歳になったとき継母は憎しみを抑えきれなくなり、娘を追い出すよう父親にほのめかす。快諾した父親は娘を祭りに誘って連れ出し、山の中で両腕を切り落として、置き去りにした。

娘は絶望しつつも傷口を川の水で洗い、草や木の実を食べて山で暮らし始めた。娘はある日、優しい若者に拾われて結婚する。若者は長者であり、若者の母も優しかったので、娘は幸福に毎日を過ごすようになった。

やがて娘は妊娠し、若者が江戸へ長期の用事で出かけているときに出産。子の誕生を若者に報《しら》せるため、飛脚に手紙を託す。しかし、飛脚の手紙は継母によって書き換えられて

しまう。「娘と子を追い出せ」と改ざんされたため、娘は子どもと共に家を追い出されることとなった。娘は、世話になったのに恩返しすらできなかった、と泣きながら家をあとにする。

手のない娘は子どもを背中にしばりつけてさまよい歩いた。途中でのどが渇いて川で水を飲もうとしたとき、背中の子がずり落ちて川へと落ちそうになった。娘がとっさに腕を伸ばそうとすると、腕がにゅっと生えて子どもをしっかりと抱き留めたのだった。

まもなく若者が江戸から帰ってきて、自分の手紙が改ざんされた事実を知る。若者は娘を探し回り、祈りを捧げている最中の娘を見つけ出した。娘と子どもは家に戻り、継母と父親は地頭に罰せられたのだった。

考察

プリンセス・コンプレックスが引き起こす悲劇

現実社会の継母

継母。とてもパンチのある言葉だ。

血のつながりのない母だというだけで悪い意味などはらんでいないのに、口にしてはいけない言葉のような感覚がある。その証拠に、離婚率も高くなり継母の存在も増えているはずだが、実生活の中で「継母」という単語を耳にすることはほとんどないのではないだろうか。

子どもがこの言葉に初めて出会うのは、いつなのだろう。おそらく昔話や童話の中で出会うのではないだろうか。「母」の前につく音が「ママ」なので、なんというか「ママママ

マ」みたいな語だが、どういうイメージでこの言葉を聞くのだろう。

音を敏感にとらえて「ママハハって、ママママ？」と質問するような子はここで知識をひとつ得ることになるが、この語感では特に疑問をもたずに単にママのことだと流してしまう子も多いような気がする。

私自身が、最初に継母という言葉に出会ったのはいつだったのか記憶にない。しかし、継母と呼ばれる人に出会った日のことは覚えている。小学校高学年のとき、継母を持つ男の子が引っ越してきたのだ。

きっとこの子は家でいじめられているんだと想像したが、実際はそうではなく仲の良い親子だった。私はあるとき彼に「お母さん、優しい？」とつい聞いてしまった。すると彼は「うん、優しいよ」と屈託のない笑顔を見せた。私は安心すると同時に肩すかしをくらったような複雑な気持ちにさせられ、昔話の影響で継母は意地悪だと思い込まされていたことに気づいたのだった。

すべては継母のせいか

昔話で子どもに意地悪をする母は、なぜ決まって継母なのか。

グリム童話の「ヘンゼルとグレーテル」や「白雪姫」でも、子どもを捨てたり殺そうとしたりするのは、継母だ。しかしながら、初版のグリム童話では主人公をいじめるのは継母ではなく実母である。グリム童話は人々に伝わっていた物語をグリム兄弟が集めて書籍にしたものだ。口承のまま活字となった初刷では悪者は実母だったが、再版時に書き換えられた。実母では残酷すぎると考えられたようだ。

しかし現代の世を見ても、実の母が折檻《せっかん》の末に子を殺《あや》めてしまったり、ろくに世話をせずに餓死させてしまったりなどの事件はいくらでもある。

「むかしむかしあるところに……」ではなく現代の日本で、継母ではなく実母の手による事件も起こっているのだ。昔話で描かれている残酷な世界が、いつ自分の身の回りで起きてしまうか分からない。継母であろうと実母であろうと、決して他人事ではないのだ。男女問わず、誰しも当事者となってしまう可能性もあるのだ。

また、生命や肉体を傷つけなくとも、子どもを精神的に殺してしまうこともあるだろう。人格を傷つけるほど厳しくしつけをしたり、親に依存させたまま自立させてやれなかったりといったことが、精神的な子殺しだという考え方はできないだろうか。

心理学では母性は負の要素もあわせ持つとされるが、昔話の中で負のイメージはすべて継母になすりつけられている。河合隼雄は『昔話の深層』の中で「実母とか継母とかにこ

だわらず、母なるものの存在として考えるとき、それは常に肯定、否定の両面を有する。それを意識的に受けいれることは困難なことであるので、そのような否定的なことはすべて、継母のすることであると考えられるようになった。このため、継母のイメージは実際のそれよりもはるかに悪いものになってしまった。つまり、継母という名によって、母性の否定的側面をすべて背負いこまされてしまったのである」と述べている。

娘が家から追い出されました。仕方ないよ、だって、継母だもの。
娘の両腕が切られました。ああ、継母だもの。やりそうだよね。
娘がリンゴで毒殺されました。やっぱり、継母だからね。

こんなイメージや思考回路が刷り込まれているということだ。継母が意地悪するのは「継母だから」ではない。意地悪をするのは、彼女なりの理由があるはずだ。

ラストで彼女は罰せられるものの、この話は終わっていない。虐待はまだ終わらず、必ずまた娘はひどい目にあう。「継母だから」と言っているうちは解決することはないだろう。

最初の攻撃

関敬吾編『日本の昔ばなし（Ⅰ）』所収の「手なし娘」では、娘が4つのときに母親が亡くなったとある。父親が再婚したのは何年後か書かれてはいない。生前は仲の良い夫婦だったという。

離別ではなく死別。考えてみれば昔話は死別ばかりではないか。少なくとも私は離別の話と出会ったことはない。「お父様はお母様とうまくいかなくて別れました。新しいお母様がきましたが云々」などとすると、夫婦関係のドロドロが気になってしまい、主題がぼやけてしまうせいだろうか。

死んだ理由は分からないが、ともかく死別である。死別で伴侶を失った人と一緒になるのはつらい、というのはよく言われることだ。死別の場合は憎しみがなく、思い出は美しいまま……どころではなく美化されて保存されてゆく。自分の配偶者は死んだ相手に一生愛情を残したままなのだと覚悟する必要がある。死んだ人が恋敵。一生勝つことなんてできるはずはない。

家の中にはあちこちに「前の女」との思い出が残っている。場合によっては、法事など

でその女のために自分が働かなくてはいけないこともあるだろう。前の女と写った写真が捨てられる日はこないし、楽しかった日々の思い出話を語られることもある。継母はそんなところに嫁に行ったのだ。

また継母は、妻になりたかったかもしれないが、母になりたかったわけではないだろう。結婚と同時に、娘や思い出も引き受けなくてはいけないのは荷が重すぎる。覚悟した上での結婚だろうという意見もあるだろうが、覚悟はしていてもあらゆる感情は簡単に割り切れるものではない。継子を育てるのは感情的にも生理的にもNGであることは容易に想像できる。

月日は流れ、娘はあっという間に15歳になる。「継母は、憎い娘だ、にくい娘だ、なんとかしなければとまい日まい日、考えて」暮らしていたそうだから、相当なストレスである。

死んだ先妻に似た娘が家の中にいる。父と娘が笑顔で会話を交わすような当たり前の場面でも、夫と先妻が談笑しているかのように見えるかもしれない。日に日に先妻にそっくりになっていく娘、日に日に不愉快になる継母。

とうとうある日、継母は「父さま、父さま、おらはどうしても、利口なあの子といっしょでは、くらしが出来ないすけに、ひまばくれてくなんせ」と言い出す。娘をなんとかしなければ私は暇をもらいますよ、と娘を追い出すように暗に要求したわけである。

　これに対し、父親から出てきた言葉はこうだ。

「いやいや、心配することはない。いまに娘はなんとかしてやる」

　父は遠くで開催されている祭りへと娘を誘い、これまで着せたことのないほどの美しい着物を娘に着せて出かけた。ふた山越えた城下の祭りだといい、結局ふた山越えた谷間で両腕を切り落として置き去りにしてしまうのだ。娘は泣きじゃくり父を追いかけるが、かなわぬものと知ると、山中で生きる決意をしたかのように川で傷口を洗う。

　置き去りにされた娘は生きてはいるものの、「死」に等しい状態だ。事件の舞台となった山は、死後にまず上らねばならないという「死出の山」を連想する。父親が娘に美しい着物を着せたのは、死装束を思わせる。目の前には三途《さんず》の川とでも言うべき川。彼女は社会的に抹殺されたのだ。

　一方、帰宅した父親が継母にどう報告したのか不明だが、継母は久しぶりに穏やかな夜を過ごしたのかもしれない。

ドーパミンにより繰り返される攻撃

娘は山の中で暮らしたのち、若者に出会って結婚する。その後、若者が江戸に上っているときに娘が子を生んだ。江戸にいる若者に報せるために飛脚に手紙を持たせる。飛脚は途中でのどが渇いたので、水を飲ませてもらうために立ち寄ったのが継母と父親の住む家、つまり娘の実家だった。飛脚は、手のない娘が子を産んだので江戸にいる若様に早じらせを持って行く、と話してしまう。

継母は飛脚を酔わせて手紙をすり替える。「可愛い男の子が生まれた」という内容の手紙は、「化け物が生まれた」と書かれた手紙になった。

帰りも飛脚は継母の家に立ち寄った。若者から預かった「化け物でもいいから大切に育ててくだされ」という手紙は「手のない娘と子どもを追い出せ」といった内容の手紙にすり替えられた。若者の母親が娘にわけを話すと、娘は恩返しができないことを悲しんで、自ら家を出て行ったのだった。

継母の家からはすでに娘はいなくなっていたのに、それでも憎しみは消えなかったのだ。家の中のあちこちに先妻と娘の影が残り、自分には子どもができないまま。一体、いつになったらあの娘のことを忘れられるのだろう。そう思っているところへ、生きているという情報が入った。――そんなところではないだろうか。

人間は敵と決めた相手を攻撃すると、快楽物質のドーパミンが出て幸福を感じるという。ドーパミンというと、目標を達成したときや、感動を覚えたときなどに分泌される物質だが、人をいじめることでも分泌されるのだ。

ドーパミンによる快楽を覚えた脳は、またその快楽を欲しがる。これを止めるのは、理性しかない。しかし、精神的に未熟だったり、自分を見失うほど動揺していたりしてはコントロールなどできない。継母がもうやめたいと思っていたとしても、よほど心を強く持たないとやめることなどできず、繰り返してしまうのだ。

また、快楽物質にはドーパミンの他に、オキシトシンとセロトニンがある。

オキシトシンは人に親切にしたり、配偶者や恋人とキスや性交渉などのスキンシップをとったときなどに分泌され、幸福を感じる。家族を構成するのに不可欠の、愛情の物質だという。

セロトニンは心のバランスを保つための物質で、これが欠乏すると自律神経のバランスが乱れてイライラやストレスを強く感じ、鬱や睡眠障害などを引き起こす原因となる。

虐待でドーパミンが出てしまって攻撃欲をコントロールできないのなら、オキシトシンでもっと大きな快楽を得て、虐待ドーパミンに打ち勝って欲しかった。

継母が「ひまばくれてくなんせ」と言い出したとき、なぜ父親は「わしが愛しているのはお前だけだ」と抱きしめてあげられなかったのか。それさえあれば、事件はここまでエスカレートしなかったのではないか。そんな気がしてならない。継母の言いなりになって家を追い出すのみならず手まで切り落としてしまうとは、この父親も異常である。あんたが娘を守らなきゃいけないのに、何やってんの。

プリンセス・コンプレックスを捨てよう

継母は嫉妬や脳内物質に翻弄されて継子いじめをやめられず、彼女は彼女で哀れであり悲惨ではあるが、そんなことが理由で腕まで切られてしまう娘はたまったものではなく、気の毒すぎる。

しかしながら、娘にも問題点はある。彼女は待ってばかりで、自分の行動はすべて人任せ。自らはなんの行動も起こさないのだ。例えば次のような点が挙げられる。

祭りに行くと言われて父親に連れ出されたとき、彼女は途中で不審に思ったにもかかわらず従順についていき、とうとう腕を切り落とされて置き去りにされる。もういい大人なのだから、知恵を働かせて家に戻ることも可能であろう。家に戻らなくともいい。とりあえず山を下りて里を目指すのが普通ではなかろうか。しかし彼女はその場にとどまった。父に置いて行かれた場所から動こうとしなかった。そしてその場に若者が「馬に乗って、お供をつれてそこを通りかか」ったのだ。彼女は若者に事情を話して泣きついた。若者が来なかったら、永遠にその場にとどまっていたのであろう。

　このあと、娘は若者の家に住むことになる。娘を嫁にしようと考えた若者だったが、娘に求婚はしない。若者はなぜか自分の母に「母さま、母さま。お願いでがんすから、どうかあの娘を私の嫁にして下され」と頼むのだ。母は「母さまも前からそう思っていたところです」と承諾する。そこに娘の意思は介在しない。

　若者が江戸に渡っている間に娘は出産するが、若者が「生れる子供のことは、お願い申します」と頼んだ相手は妻ではなく母親である。飛脚を使って生まれた子についてやりとりするのも、若者と母親だ。娘には、母親の口から手紙の内容を伝えられるだけ。娘の意思を確認せずにことを進めていく若者と母親にも大いに問題がある。この物語は登場人物全員がおかしいのだが、ここではこれ以上追究せずにおく。

義実家から去ることになったときも、娘はひたすら受け身で静かに家を去るのだが、どこかへ行くわけではなく近隣をうろついている。その後、帰宅した若者に見つけてもらう。

とにかく受け身すぎる。運命を受け入れているといえば聞こえはいいが、捨てられたり追い出されたりした場所から移動しようとすらしないのだ。ひたすら待っている。待ち続けているだけなのだ。もっと言えば、娘は若者から愛されたが、自分からは「愛する」ということすらしていないのだ。

童話のヒロインのこのような性格はプリンセス・コンプレックス、またはシンデレラ・コンプレックスと呼ばれる。若桑みどりは『お姫様とジェンダー』においてこれを痛烈に批判している。

お伽《とぎ》話のなかでは、困難を自力で克服して幸福を実現するのは男である王子様の仕事である。お姫様のやることではない。彼女は待っていたり眠っていたりして、王子様に「幸福にしてもらう」のである。もし王子様がこなかったり、王子様に「愛されない」場合には彼女の人生は失敗である。

この性格はシンデレラだけではなくプリンセス系のヒロインに共通している。彼女らは自分からなにか行動を起こすことはなく、ただひたすら耐えている。耐えていればいつか王子様が迎えに来てくれると信じて疑わない。彼女らは手を持ってはいるが、なんにもできないのだから最初から手が切られているようなものだ。若桑は、プリンセス・ストーリーに触れて育った女の子はプリンセスにあこがれ、自身も王子様をひたすら待ち続けるだけの生き方を選ぶようになると説く。

手なし娘はプリンセスではないが、性質は同様である。捨てられた場所でそのまま待ち続けた結果運よく若者と出会うが、その場面で若者が馬に乗っていたところなどを見ても、完全に王子様を待つプリンセスだ。特に印象深いのが、手の生えた彼女が水辺で発見されたときなにをやっていたかというと「神さまに一心に祈って」いたのだ。せっかく手が生えて、我が子を抱きとめることができるようになったのに、祈るだけ？　実家は出ているのだし、手は戻ったのだし、色んな行動を起こせるようになったのにまた待ち続けるつもりなの？　感謝の念は大切だけれど、何も行動せずに祈るだけの人を神様は助けてくれないと思うよ？

極めつけはラストシーンだ。若者にまた見つけてもらった娘は涙を流し、涙がこぼれ落

ちた地面には花が咲いた。さらに帰り道、彼女が歩いた場所は草や木に花が咲いたというのだ。

なんですかこれは。花が咲くってどういうことですか。あなたが行動を起こさなかったのは、もしかしてあなたの正体は植物ですか。父や継母を憎まず、若者を愛さず、まるで感情がないように見えるのは植物だからですか。切った手がまた生えてきたのも、植物だからですか。

などと私の中で植物説が急浮上したが、そのあとひとつの結論にたどり着いた。花が咲いた理由は、彼女自身が植物だったからではなく、彼女の頭の中がお花畑だったことの象徴なのだろう。幸せは誰かがどこかから運んできてくれると思い込んでいる少女なのだ。残念ながら、人生そんなに甘くないよ。

彼女は手を失っても思考や生き方を変えなかった。裏切られても捨てられてもその場から動こうともしなかった。きっとこの先の人生も同じことを繰り返すだろう。現に、若者との結婚は彼女の意志を抜きにして進められ、子について手紙でやり取りしたのも若者と母親だ。彼らは一見優しそうだが、実のところ支配欲が強いのである。攻撃欲と支配欲の根は同じだ。彼女は今後も空気のように扱われ、やがて裏切られる日が来るに違いない。継母から受けたような精神的苦痛をまた味わうのではないか。

攻撃欲や支配欲の強い者は、弱者の匂いを敏感に嗅ぎつける。抵抗しない者はいつまでもターゲットになりつづけてしまう。いじめが続くと抵抗する気力すら失われてしまうものだが、この娘の場合は継母の元を離れたのだし、嫁入り先での生活はまだ日が浅いのだし、まだいくらでも軌道修正できそうだ。

娘よ、いい加減にプリンセス・コンプレックスを捨てようぜ。愛したい人を愛し、行きたいところに行き、自分が思い描いた人生を歩いていこうじゃないか。そうじゃないと、また身体のどこかをちょん切られちゃうかもしれないし、継母の攻撃はあなたの子に向かうかもしれないよ。まずは継母に「やめてくれ」と言う強さを持とう。嫁入り先で自分の意思を見せる勇気を持とう。待つ強さより、一歩踏み出す勇気を持とうよ。

手なし娘おまけ・心理テスト

あなたはどんな結婚生活を送る？

一度決めたことは決して変えない？

A ← 1 はい

2 いいえ

血液型は？

1 A型

2 B型

3 O型

4 AB型

5 不明

人に頼られると嬉しい？

D ← 1 はい

C ← 2 いいえ

あきらめは早いほう？

1 はい

2 いいえ

虫歯がある？

A ← 1 治療済み

B ← 2 ある

3 できたことがない

人生やっぱり金だと思う？

1 はい

2 いいえ

友達は多い？

D ← 1 はい

C ← 2 いいえ

笑顔が素敵だと言われたことがある？

1 はい

2 いいえ

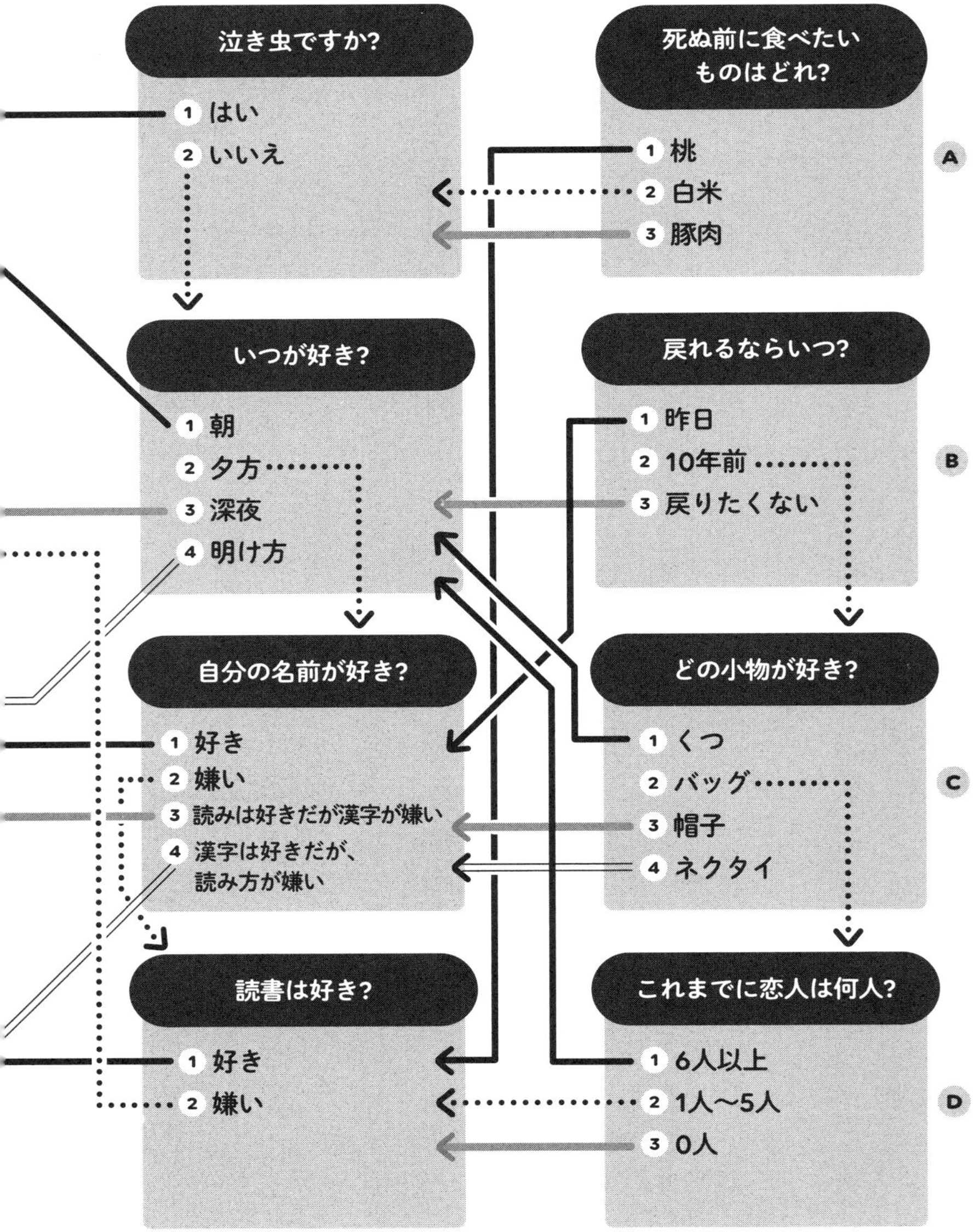
泣き虫ですか?
1 はい
2 いいえ
いつが好き?
1 朝
2 夕方
3 深夜
4 明け方
自分の名前が好き?
1 好き
2 嫌い
3 読みは好きだが漢字が嫌い
4 漢字は好きだが、
読み方が嫌い
読書は好き?
1 好き
2 嫌い
死ぬ前に食べたい
ものはどれ?
1 桃
2 白米
3 豚肉
A
戻れるならいつ?
1 昨日
2 10年前
3 戻りたくない
B
どの小物が好き?
1 くつ
2 バッグ
3 帽子
4 ネクタイ
C
これまでに恋人は何人?
1 6人以上
2 1人〜5人
3 0人
D

ウソ泣きできる?

B ← 1 できる
A ← 2 できない

高校時代のクラブ活動は次の3つの中にある? バレー バスケット テニス

1 ある
2 ない

ヘアスタイルは年に何度変える?

1 2回以上
B ← 2 ほぼ変えない

ご飯をおかわりすることが多い?

1 多い
2 多くない

友達と絶交したことは?

C ← 1 ある
2 ない
B ← 3 したことはあるが、仲直り済み

梅酒が好き?

1 好き
2 好きではない

毎日聞く音楽がある?

D ← 1 ある
C ← 2 ない

願い事が1つだけかなうなら?

1 願い事が無限にかないますように
2 友人や家族の健康
3 ①②以外

A 手なし娘タイプ

「私、どこまでも耐え忍びます！　耐えたあとには、きっといいことが待っている！」

　そう信じて必要以上に我慢しちゃうあなたは、いつも損してばかりの手なし娘タイプです。子どものときから「おとなしすぎる子」なんて言われていたのでは？　結婚生活は長いです。我慢できないような無理難題を家族から言われたときには「ＮＯ」と言うことも大切。でないと、いいように使われてしまったり、モラハラにあったりするかもしれません。

B 食わず女房タイプ

「食べていれば大丈夫！　まずは腹ごしらえしよう！」

　人間の根源的な欲求である「食」に正直なあなたは生命力あふれる存在。食欲旺盛な食わず女房タイプです。

　一見こわいイメージですが、母親のような面もあります。あなたは料理上手、または聞き上手では？

　どちらも結婚生活には大切な要素なので、大事に育てていってください。怒り方がちょっと激しいので、思わぬところで失敗しないように注意した方がよさそうです。

C 手なし娘の継母タイプ

「嫌いなやつは嫌いなの。好きになんてなれないから仕方ないでしょ」

　そんなパキパキとした性格で、ときに激しく突っ走ってしまうあなたは手なし娘の継母タイプ。好き嫌いがはっきりしているので、周りからは逆に付き合いやすい人だと思われているかもしれません。激しい性格も、裏を返せば情があついという長所です。その長所をしっかりと生かし、パートナーを裏切ることなく、一生好きでいてあげてくださいね。

D 乙姫タイプ

「私の家族をいじめる人は許さないわ。みんなのことは私が守るの」

　いつも慈愛に満ちた気持ちで他人と関わることができるあなたは、乙姫タイプ。観察力がすぐれていて、身内のピンチに素早く気づくことができるので、家族にいてくれるととても心強いです。また、家族のみんなから尊敬を集めることができる人間性を持っています。ただ、疲れているときは人の何倍もボンヤリしていて、隙だらけ。時間を上手に使ってリフレッシュしていきましょう。

第5章 花咲か爺さん

——花は本当に咲いたのか？

第5章

花咲か爺さん

――花は本当に咲いたのか？

あらすじ

あるところに正直者の爺さんと婆さんがいた。ふたりの間には子がいなかったため、犬をシロと名づけて子どものように可愛がっていた。正直爺さんがある日、家の裏にある山へ仕事に出かけると、シロがついてきてあたりをかぎまわった。

「ここ掘れ、ワンワン！」

正直爺さんが掘ってみると、大判小判がザックザク。

これを見ていたのはとなりに住む欲張り爺さんだった。力ずくでシロを裏山に引っ張っていき「どこを掘るのか言え」とせき立てた。シロが苦しそうに地面をひっかいたので、そこを掘った。すると、瓦や石ころがザックザク。怒った意地悪爺さんは鍬《くわ》を振り下ろし、シロを殺してしまった。

正直爺さんは悲しんで庭にシロの亡骸《なきがら》を埋めて、墓標として木を植えた。正直爺さんは、

1日で大木となった木を切り、臼を作って餅をついた。すると臼の中からは大判小判がザックザク。

これを見ていた意地悪爺さんは臼《うす》を強引に借りて餅をついてみたが、出てくるのは、蛇、蛙《かえる》、ゲジゲジなどの気持ちの悪い虫ばかり。怒った意地悪爺さんは臼を焼いて灰にしてしまった。

正直爺さんは悲しんで、灰を持って帰った。集めた灰を持ってシロの墓前に立ったとき、風が吹いて灰をとばし、枯れ木にサラサラとふりかかった。すると、枯れ木は次々と桜を咲かせ、あっという間に満開になったのだった。

この噂を聞いた殿様がやってきた。正直爺さんは見事に桜の花を咲かせて殿様を喜ばせ、大判小判のお宝をたくさんもらった。意地悪爺さんは正直爺さんから灰を奪って、あたりにまいた。しかし花は咲かず、灰は殿様に降りかかり、頭も身体も灰まみれ。殿様を怒らせた意地悪爺さんは牢に入れられたのだった。

考察

愛犬の喪失により失われた正気

人気の秘密

「花咲か爺」は日本5大昔話に数えられる昔話のひとつだ。細かいディテールは知らなくても「枯れ木に花を咲かせましょう」と言って灰をまくと桜の花が咲く場面は、日本人なら誰でも知っているだろう。

柳田國男によると「花咲か爺」は江戸時代の赤本（当時の子ども向け娯楽本の総称。赤い表紙だった）まで現れなかった話だというから、比較的新しい昔話ということになる。新しいにもかかわらず、5大昔話になるほど愛される理由はなんだろう。

冒頭から犬が殺されるというインパクトの強さ。

正直爺さんによる宝の取得と、意地悪爺さんによる汚物の取得が繰り返される面白さ。

犬の喪失、臼の喪失、灰の喪失と、喪失が繰り返され、言い換えれば読み手は何度も犬の死と遭遇させられてしまうという切なさ。

灰が桜を咲かせる意外性。

満開の桜の華やかさ。

色々と考えられるが、私は、この物語に潜む「狂気」が理由のひとつなのではないかという気がしている。

狂桜3大作品

ところで、この話は満開の桜が印象的だが、咲き乱れる桜に恐怖を覚えることはないだろうか。桜の花は美しい。しかし、長時間見つめているとどうにも不安になってしまう。あたりの風景がほぼ桜、などという満開のシーズンには戦慄《せんりつ》すら覚えることがある。

桜に狂気はよく似合う。短い開花期間に受粉を済ませ、次の時代へと命をつながなくてはならない桜。蝉など生命の短い虫が恋人を求めて狂おしく鳴くように、桜もまた満開時は断末魔の苦しみとともに、激しく鳴いているのかもしれないと思うのだ。人間の聴覚には聞こえない分、脳に直接響くような激しい声で鳴き、それが人を不安にさせるのではないかと思うのだ。

この私の感覚は特殊ではあるまい。著名な文人たちも桜の狂気を扱った作品を残しているのだ。


梶井基次郎の「桜の樹の下には」の主人公「俺」は、爛漫《らんまん》と咲き乱れる桜に得体のしれない不安を感じていた。のちに「桜の樹の下には馬や犬猫や人間の腐敗した屍体《したい》が埋まっていて、水晶のような液をたらしている。桜の根は屍体を蛸《たこ》のように抱きかかえて、その液を吸い上げている」と気づき、桜の美しさに納得する。

坂口安吾の「桜の森の満開の下」は、桜の森が満開のときに足を踏み入れたら発狂してしまうと信じている山賊の話だ。満開の桜を避けていたけれど、ひょんなことから桜の下を通ってしまう。そのとき山賊の見た幻想や悪夢が描かれている。

これらは桜の樹の下を舞台とした「狂桜2大作品」だと私は思っている。桜の季節になると読みたくなる2作品だ。ここに「花咲か爺」も加えてもいいのではないかと最近考えるようになった。

そう、私は正直爺さんは乱心していたのではないかと思っているのだ。彼をそうさせた

引き金は犬の死である。桜が直接狂気の誘因になっていないので他の2作とは趣は異なるが、老人が得意気に木登りし大声をあげつつ灰をまく姿には、他の2作を上回る狂気を感じる。

飼い主からの視点

犬、猫、うさぎ、鳥……。大抵の人はなんらかの動物を一度は飼ったことがあるのではないだろうか。

私は生まれたときから家に犬がいて、大人になるまで必ずそばには犬がいた。また、ハムスターやセキセイインコが家族に加わったこともある。現在は猫と暮らしていて、多くの猫飼い諸氏と同様に、猫の奴隷となることに幸せを感じる毎日である。

「今日もお利口さんですね～」

などと話しかけている姿は、人には決して見せたくないくらいアホ丸出しだ。動物は人をアホにする。

動物は家族の一員だ。家に迎え入れたときから可愛い存在だが、さまざまな出来事を通して思いが深まってゆく。なにがあっても守ってあげたい、愛《いと》おしい存在。

「花咲か爺」では、そんな愛おしい存在がとなりの意地悪爺さんにたたき殺されたのだ。貸せといって無理矢理連れて行き、えらく帰ってこないと思ったら殺されていた。この状況にはすっかり感情移入してしまう。怒りが沸き上がる。

おいジジイ、どういうつもりだ。絶対許さん、ぬっころ……以下自粛。

自分の身に置き換えて「花咲か爺」を読んでみると、この部分でどうしようもない気持ちに襲われる。隣人に殺害されただなんて、気が狂いそうだ。意地悪爺さんをたたきのめしたくなる。動物を飼ったことのある人なら、この気持ちは共有できるのではないだろうか。

このように、動物の飼い主からの視点で読むと、「花咲か爺」には納得できない箇所がたくさんある。

この犬は意地悪爺さんの手により、２度殺害にあっている。１度目は文字通り殺されて、命を奪われたとき。２度目は生まれ変わりとでも言うべき臼を焼かれたときだ。臼を焼いたことも「死」や「殺害」に値すると考える。

２度とも正直爺さんは悲しみこそするものの、欲張り爺さんを怒ったり恨んだりする様

第5章 花咲か爺さん

子はまったく記されていない。「かわいそうにねえ」程度の感情で終わりなのだ。

うーむ。大切な犬が殺されてそれで済むかね？

おいジジイ、どういうつもりだ。絶対許さん、ぬっころ……以下自粛、にならんかね？

また、犬を埋めた上に植えた木は、犬の養分を吸ってあっという間に育った。言い換えれば犬の分身、生まれ変わりだ。この木をいまいましいなどの理由で意地悪爺さんが切ったのなら分かるが、切ったのは正直爺さんなのだ。

うーむ。普通、切るかね？

愛犬の生まれ変わり的な木を切るかね？

その後、木で作った臼は意地悪爺さんに焼かれてしまう。灰は囲炉裏の中にあると言われた正直爺さんは、おとなしく灰を集める。

うーむ。一言も文句なしかね？

思わず非難の言葉が出たりしないかね？

臼が焼かれてできた灰を、爺さんは集めて持って帰る。風に吹かれた灰が、枯れ木に花を咲かせたことに気づき、残った灰を惜しみなくまく。

うーむ。なくなってしまうのに、まくかね？

犬の形見はこれで完全になくなってしまうのに、いいのかね？

正直爺さんの行動のすべてが疑問なのだ。

犬殺害後の流れだけを見ると、正直爺さんは犬を大事にしていなかったという結論になってしまうが、決してそのようなことはない。

石崎洋司による絵本版『はなさかじいさん』では、山へ芝刈りに行こうとする爺さんに犬のシロは「おらの　せなかに、のっとくれ」と忠犬ぶりを見せる。それに対し爺さんは「なにを　いう。かわいい　おまえに、のれるもんか。」と返事をしている。もし家畜の牛馬のように考えていたのなら、背中に乗ることを拒否しなかっただろう。『日本昔話集成第2部本格昔話2』（関敬吾著）所収の「花咲爺」でも同様のエピソードが記されているし、その他の書籍でもこのやりとりは見られる。犬が爺さんに可愛がられていたことは間違いないだろう。

正直爺さんに対する疑問は、桜を咲かせる場面まで持ち越される。

心神喪失状態

「枯れ木に花を咲かせましょう！」

正直爺さんが木に登り灰をまくと、あたり一面、桜の花で満開に――。

物語の見せ場であるこのシーンに、読者はどんなことを感じ、なにを考えるだろう。犬と爺さんの愛が見せた奇跡だろうか。このあと灰をまいて失敗するであろう意地悪爺さんに対する勝利宣言だろうか。貧しかった老夫婦がこのあと殿様からのほうびで豊かになり、人生に「花を咲かせた」といったダブル・ミーニングだろうか。

前述した通り、私が感じるものはただひとつ。狂気である。私はこのシーンに狂気を感じ、慄然《りつぜん》としてしまうのだ。老人が木に登り「枯れ木に花を咲かせましょう～」などと叫びながら、灰をあちこちにまく。正気の沙汰とは思えない。この場面の正直爺さんは、愛犬を殺害されて正気を失った老人の悲しみの姿に見えるのだ。正直爺さんの行動は疑問だらけで進むのだが、ここに来て一気に謎が解ける。

心の平衡を失っていたのだ。

ならばすべてに納得がいく。

まず、犬をたたき殺したと聞かされた正直爺さんは、驚いて殺害現場に向かう。意地悪爺さんから聞かされた場所に行ってみると、そこには木が一本生えていた。意地悪爺さんの言った通りだった。だが、そんなことは信じたくない。シロは埋まっていない。そんなことがあるものか。ではこの木はなんだ。

正直爺さんは混乱し、正気を失う。愛犬の死を否定したくて、木を切ってしまう。

こうして物語の序盤ですでに心神喪失の状態となってしまっていたのだ。そのため、犯人の意地悪爺さんに痛罵《つうば》を浴びせることすらできなかったのではないか。

現在広く知られる「花咲か爺さん」では、正直爺さんが犬を埋めてその上に木を植えているが、原作と言われる江戸時代の赤本『枯木《かれき》花さかせ親仁《じじ》』では、意地悪爺さんがその場で埋めて松を植えている。江戸期の諸作品ではこのパターンが多い。

作った臼で正直爺さんは餅をついた。地面を掘る動作と餅をつく動作は似ている。シロの案内で裏の山を掘ったときにお宝が出てきた記憶が引き出され、正直爺さんは餅をつき

ながら「また大判小判が出てきた」と喜んだ。もちろんそんなものは出てきていない。しかし、否定して刺激を与えてはならぬと、婆さんも調子を合わせて「まあ、すごいすごい」と驚いて見せたのではないか。それを窓越しに見ていた意地悪爺さんは、すっかり本気にしてしまったのだろう。

小判を吐きださない臼は意地悪爺さんに焼かれてしまったが、正直爺さんにとって大きい悲しみではない。なぜなら乱心している爺さんにとって、材料の木はただの木にすぎない。犬の形見などではない。だから怒る必要もない。正直爺さんは灰を畑にまくつもりで持って帰った。

そこに風が吹き、灰が舞い上がり、枯れ木に花が咲いたかのような妄想を見る。灰で花を咲かせられると信じた正直爺さんは興奮状態になり、「枯れ木に花を咲かせましょう」とあちこちの枯れ木に灰をまいて歩く。正直爺さんの立ち振る舞いは見事で、人々は本当に桜が咲いたかのように錯覚するほどだった。

殿様の前でも堂々とした立ち振る舞いを見せた正直爺さんは、妄想ではなく本物のほうびをもらった。

――こんなところではないだろうか。

家族を亡くした遺族の心のケアに取り組む医師によると、大切な存在を失うと、人はまず喪失感に襲われ悲嘆にくれる。死を認められず、自分が生きているという現実感すら喪失してしまう場合もあり、パニックを起こすこともあるという。ショックは身体にも影響をおよぼす。食欲障害、睡眠障害、疲労感などが現れる。

遺族は少しずつ、日々の行動を変えてゆく。自然と涙があふれてきたり、ただただぼんやりしていたり。ひきこもったり、仕事をしようとあせったりする場合もあるという。やがて時間の経過とともに、冷静になってくる。亡くした存在との大切な思い出にひたれるようになったり、新しい生きがいを見つけることができたり、自分の役割を発見したり。そんな流れを経て喪失のショックから立ち直っていくそうだ。

大切な存在を失ったことにより訪れる狂気は、誰しも陥る可能性がある。「花咲か爺さん」の犬のように殺害されることは珍しいかもしれないが、寿命や病死や事故死で失ったとしても、精神に受けるダメージは想像をはるかに超える大きさなのだ。誰しも、花咲か爺になる危険性は内在しているのである。

爺さんの狂気はとても悲しく愛おしい。大切な存在を失って、幻を見たり奇怪な行動を

とったりした爺さん。悲嘆にくれて花咲か爺と化したかもしれないが、彼はなにもかも失ったわけではない。婆さんがそばにいるのだ。婆さんは、悲しみの国の住人となった爺さんにどこまでも寄り添ってくれるに違いない。そうして時間が傷を癒し、爺さんにまた穏やかな日々が訪れることを願わずにはいられない。

おまけ・掌編小説

狂桜 花咲か爺

シロがたたき殺されたと聞いた正直爺さんは慌てて裏山に駆け付けた。

となりの爺さんが言ったように、現場には松が植えられていた。この下にシロが埋められているのか。

正直爺さんは松の根元を手で掘った。となりの爺さんが掘り返したばかりの土だから、まだ軟らかい。少し掘るとすぐ、土にまみれたシロの顔が見えてきた。

耳の奥がキーンと激しく鳴る。長く長く鳴り続ける。耳の奥で鳴った音は額まで届いてジンジン響く。

となりの爺さんがひどいことを言ってきてもいつも笑って許してきた。貸したものがなかなか返ってこなくても勘弁してやっていた。ものを壊されても目をつぶってやった。そうしているうちに、となりの爺さんはどんどん付け上がっていった。正直爺さんの方が年上でもあるし、水に流してきてやったのだ。それがこんなことにまでなろうとは。

わしが許してきたせいだろうか。

間接的に、わしがシロを殺したということになるのだろうか。

爺さんは遺体を前に呆然《ぼうぜん》と立ち尽くした。どのくらいそうしていただろう。気づくと、シロが足元にちょこんと座っていた。尻尾をぶんぶんと振っている。

「あれ？　なんじゃ、シロ。生きておったのか。ほんなら早く家に帰ろう」

腰につけていた手斧《ちょうな》で松の木を切り倒して、持って帰った。

「シロは生きておったぞ。ほんで、いい松の木が生えていたから、切ってきたわい」

婆さんは心配するような目つきで「爺さん、大丈夫か」と言った。

「大丈夫とは、なにがじゃ？」

「……あ、いや、なんも。その木はどうするんじゃ」

「臼でも作るか」

疲れ切っていたが、その晩は眠れなかったので、勢いで臼を作り上げた。

「臼ができたぞ。さあ、餅つきをするか」

ふと視線を落とすと、足元に座っているシロと目が合った。シロはよく鳴く犬なのに、ウンともスンとも言わない。死んだと言われてショックだったのかもしれぬ。

完成した臼に蒸したもち米を入れ、きねで餅をつき始める。しばらくついていると、カチンと何かに当たった。小判だった。

「おお、小判が出た」

餅をつき続けた。大判小判がザクザクと出たが、婆さんは「なにも出てませんよ」と言う。シロは静かに走り回って喜んでいる。

餅がつきあがった頃、となりの爺さんがやってきた。

耳がキーンとする。頭がズキズキとする。手がふるえる。わけもなく怒りの感情が湧く。

「臼を俺にも貸してくれ」

返事を聞く前に持って行ってしまった。いつものことだ。いつものことなのに、どうしてこんなに腹が立つのだ。

いつものことだが貸したものが返ってこないので、となりの家に取りに行った。

「なんにも出さないから、そこで焼いちまったよ」

爺さんは囲炉裏を指さした。

耳がキーンとする。なんだかよく分からないが、はらわたが煮えくり返る。

「灰はもらってくよ」

第5章 花咲か爺さん

犬を抱くように灰を胸にかかえて外に出ると、風がびゅうっと吹いた。灰は胸から逃げ出して枯れ木へと降り注いだ。

するとまだ桜の季節ではないのに、枯れ木の枝に桜が咲いた。間違いではないかと、もう一度別の枯れ木にまいてみた。するとやはり花が咲いた。

村の人たちが集まってきた。みんな桜を見に来たのだな、と爺さんは思った。

「枯れ木に花を咲かせましょう～！」

爺さんは道ぞいの木に、片っ端から灰をまいて歩いた。みんな喜んでいるふうでもなく、爺さんと桜を交互に見て首をかしげている。

シロはくるくるとはしゃぎ回っているが、決して鳴かなかった。

＊

それから半年が経ち、もうすぐ正月が来る。爺さんは「シロがいる」などと口にすることが少なくなり、次第に落ち着きを取り戻してきたかのように見えた。しかしなにかを考えているようで、ああでもないこうでもないとブツブツ言っているときがある。

「婆さんや、正月も近いから餅つきをしようじゃないか」

「餅つきですか」

婆さんはもち米を蒸して準備をした。爺さんは裏山へ行き、松の木を調達して臼を作った。半年前に切った松だが、シロの養分を吸ったせいか短期間で再び成長し、見事な木になっていた。

ふたりは餅をついた。

「うまそうにできたな」

「そうじゃの」

つきたての餅のやわらかい匂いをかぎつけたのか、となりの爺さんが様子を見に来た。

「犬ころが死んだのに正月準備かい。ご苦労なこった」

普段は怒らない婆さんだが、この時ばかりはとなりの爺さんをにらみつけた。

「なんじゃ。まだうちになんか用か。さっさと帰れ」

今にもつかみかかりそうな婆さんを、爺さんが止めた。

「まあまあ、婆さん、そんなに怒らんでもいい。せっかく餅をついたんじゃ。となりの爺さんに食ってもらえばいい」

「えっ？　爺さん、なにを言い出すんじゃ」

「となりの爺さんよ、これは特別なもち米で作った餅でな。普通に食べたら普通の味、ひ

とっ走りしてから食べるとめっぽううまい。ふたっ走りしてから食うとべらぼうにうまい上に、食った餅が小判になって糞と一緒に出てくるんじゃ」

「ほっほう。そんな珍しい餅があるのか。おいばばあ、独り占めしたいもんだから、帰れと怒ったんだな」

婆さんは心配そうに爺さんの横顔を見た。爺さんはちらと婆さんに視線を送り、意味ありげに薄く笑った。

「さ、となりの爺さん。うちはまたつくつもりだから、今日の分は全部やるよ。たっぷり食うといいさ。走り終わったらすぐ食うのがコツだ。水など飲んではいかん」

「そうかい。いつも悪いね」

となりの爺さんは嬉しそうに餅を全部持ち帰った。

その晩――。

「はあはあ、べらぼうにうまい餅を食うぞ」

「楽しみじゃ。小判の糞じゃ。はあはあ」

ふたっぱしりしてきたのであろう、となりの老夫婦が家の前を通り過ぎたのが分かった。

となりの家で事故が起きたのは、それから数分後のことだ。

「グエッホ、ゲホゲホ、グハッ！」

「お爺さん、大丈夫ですか！　ああ、餅がのどに！」

「ンぐぐ、ぐは……」

「お爺さん、お爺さん！　ああ！」


騒ぎの声は正直老夫婦の家にも聞こえていた。

「助けに行かんのか」

「当たり前じゃ。シロの形見の臼でついた餅を思う存分味わうがいい」

「欲に目がくらむのは怖いのう」

「ただでさえ餅がつまりやすい歳なのに、走った直後に食っちまうんだからなあ。金の亡者とはこのことじゃな」

「それにしても、爺さん、いつから正気に戻ってたんじゃ」

「いつからだろうなあ。ちょっとずつ、ちょっとずつな」

爺さんは恥ずかしそうに、婆さんがそばにいてくれたおかげさな、と小さな声でつけたした。

ふたりは臼の前に線香を立てて手を合わせた。

第5章
花咲か爺さん

またシロがうちの子として生まれてきますように。
ふたりは心からそう願った。

第6章 舌切り雀

——爺と雀の二時間サスペンス

第6章

舌切り雀

——爺と雀の二時間サスペンス

あらすじ

怪我をしている一羽の雀を爺さんが山で見つけた。爺さんは雀を連れて帰り、手当をし、おちょんと名づけてとても可愛がった。雀は爺さんによく懐《なつ》いた。優しい爺さんとは対照的に、婆さんは欲張りな性格をしていた。婆さんは爺さんとおちょんの仲睦まじい様子が気に入らなくて、不愉快に感じていた。

ある日おちょんは、婆さんの作った洗濯糊《のり》を食べてしまう。怒った婆さんはおちょんの舌をハサミでちょん切る。おちょんは森へと逃げていった。これを知った爺さんはおちょんを探しに行き、森の中にある雀の宿を探しあてる。おちょんとたくさんの雀がいる宿で、爺さんは歓待を受ける。

帰りに土産としてつづらがふたつ用意され、どちらかひとつを持って行けと言われる。爺さんは小さいつづらを選んで帰宅。中にはお宝が入っていた。

ところが大きいつづらもあったと知った婆さんは黙っていなかった。大きい方にはもっとたくさんの宝が入っていたに違いないと考えたのだ。

婆さんは雀の宿の場所を聞いて、訪問する。おちょんにゆっくりしていけと言われたが辞退、つづらだけ持ち帰ろうとする。選んだのはもちろん、大きい方のつづらだった。

「家に戻るまで決して開けてはいけませんよ」

おちょんにそう言われたが、お宝を一目見たい婆さんは、帰りの山道でつづらのふたを開けてしまう。しかし中から出てきたのは、お宝ではなかった。つづらの中には蛇や百足《むかで》、妖怪や化け物たちが潜んでいたのだ。婆さんは化け物たちに襲われて、無残な最期を遂げたのだった。

考察●

昼ドラ顔負けの愛憎劇

雀は娘

子どもの頃「すずめの　したを　いときりばさみで　パチンと　きりました」という描写を聞いて、恐怖におののいた。舌を切る、あるいは抜くのを許されるのは、死後の世界に行かなくては会うことのできない閻魔《えんま》大王だけだと思っていた。また舌を失うのは、嘘つきだけだと思っていた。ところがこの話では、大した罪を犯していない雀の舌を、地上に住む普通の婆さんが切ってしまう。

しかも「パチン」とやるのだ。小さな鳥の小さな舌だから、たやすく切れるのだろうか。糸切りばさみは確かに糸を切るとき「パチン」とやるイメージだ。「パチン」という音が生々しすぎて恐ろしかった。

舌がなければ生物はどうなるのだろうと子どもながらに考えた。ものが食べられない。

しゃべれない。そもそも生きていられない？　なんにせよ、洗濯糊を食べた代償に舌を失うだなんて、あまりにも罪が重すぎる。

「舌切り雀」の話を知ったあとは、母の裁縫道具の中にある糸切りばさみを見るたびにドギマギし、家で飼っていたセキセイインコの舌が見えるたびにハッと凝視せずにはいられなかった。

雀がかわいそうだとずっと思ってきたが、大人になってみるとこの雀は無実ではないと感じるようになった。それを直感したのは、絵本版の「したきりすずめ」を音読したことがきっかけである。

洗濯糊を食べてしまった雀を、婆さんが追いかける場面だ。

「この子雀め！　まて、この子雀！」

婆さんは何度も「子雀」という語を繰り返した。それを声に出しているうちにハッとした。

子雀、こすずめ、こむすめ……小娘。小娘……!?

言葉の仕事をしているせいか、相似した語を見つける能力は多少鍛えられているようで、いつも敏感に反応してしまう。母音の同じ語、小雀、小娘。

この雀の正体は、娘だったのかもしれない――。

もし、爺さんが助けたのは雀ではなく娘だとしたら、婆さんが敵視して隙あらばやっつけてやろうとうかがっているのは当然のことだ。怪しい関係の娘を家に置いて面倒を見ているのだから、婆さんに危害を加えられても仕方がない。

娘であると仮定すると、さまざまな場面に合点がいく。なかなかこの話はドロドロして面白い背景がありそうだ。

「舌切り雀」はむごい場面や不快な表現が多かったため、江戸期以降に改訂が繰り返され、すっかり毒抜きされた作品となってしまったようだ。現在広く読まれているのはこの毒抜き作品なので、これをあらすじに掲載した。

江戸時代の赤本にあった、毒抜き前の表現は土地の伝承に多く残っているが、『日本の昔ばなし（Ⅱ）』（関敬吾編）所収の「舌きり雀」でも活字になっているので、これを参照しつつ進めていきたい。

爺さんと雀の出会い

『日本の昔ばなし（Ⅱ）』での冒頭は、爺さんが弁当を食べようとふたを開けると中身は空っぽで、中に雀が寝ていたとされる。爺さんはそのまま雀を捕まえて連れて帰り、飼うことにした。

雀が娘だとすると、婆さんが作った弁当を爺さんの浮気相手が食べてしまったことになる。婆さんにとってはまったく苦々しい話だ。中で雀が寝ていたというのは、閉ざされた空間で爺さんと寝ていたことの暗喩ではないかと勘繰ってしまう。

現在広く知られている話では弁当のエピソードはなく、爺さんが怪我をしている雀を山で見つけて、連れ帰って手当したということになっている。

「怪我をしていたから連れてきただけじゃ。放っておけないじゃろ。怪しいことなんかないぞ」

と、誤魔化す爺さんの声が聞こえてきそうだ。まったく、こざかしいったらない。

舌を切られても仕方がない？

生前に嘘をついた人間は、死後、閻魔大王に舌を抜かれる。雀が舌を切られたのも、実は嘘をついたからだ。

『日本の昔ばなし（Ⅱ）』では、舌を切られる場面はこのように書かれている。

爺は婆と雀をおいて、山へ柴《しば》刈りに行きました。婆は日がよいので、糊を煮ました。「川へ洗濯をしにゆくさかい、隣の猫に喰われんように番をしておれ」と、雀にいうて川へ出かけました。雀は腹がへっていたので、その糊を喰ってしまいました。婆が帰って来て「おちょん、おちょん、糊はどうした」とたずねました。雀は「隣の猫が喰うた」と、いいました。婆が隣の猫を見ると、隣の猫の口にはついておらず、雀の舌を見たら糊がついていたので、舌を切って放しました。

雀は糊の番を頼まれたにもかかわらず喰ってしまい、「猫が喰った」と嘘をついた。ひょっとしたら「腹が減っていたから喰ってしまった」と正直に詫《わ》びれば許してもらえたかも

しれない。嘘をついたから、婆さんが閻魔大王よろしく舌を切ってしまったというわけだ。また「食った」とは肉体関係を表す隠語でもある。洗濯糊と、冒頭の弁当。少なくとも2回は食った。爺さんの不在時に、浮気の件で婆さんに詰め寄られた娘は「爺を食ったのは私ではなく、どこかの猫（女）だ」と言い逃れをしたという捉え方もできる。

このように考えていくと、雀が舌を切られてしまったことは至極当然のようにも思えてくるのだ。

雀のお宿とおちょんの正体

舌を切られて逃げ出したおちょんを探して、爺さんはあちこち歩き回った。『日本の昔ばなし（Ⅱ）』では道を行くと牛洗いの神様と出会い、雀を探す手がかりを聞く代わりに牛を洗った汁を計26杯飲まされる。その先に出会う馬洗いの神様には、馬を洗った汁を計26杯、また先で出会う菜《な》洗いの神様には菜を洗った汁を計26杯飲まされる。そうしてようやく雀の居場所にたどり着く。

牛馬や菜を洗った汁は、話によっては尿や血液となっている場合もある。現代人には「山を7つと野を3つ越え……」といった苦労の方がピンとくると思うが、洗い汁を飲むというのは雀との再会をかけて乗り越えた苦難を表現したものだ。ちなみに『日本の昔ばなし（Ⅱ）』所収の話は石川県で採集されたものだが、全国の伝承を見ても「洗い汁を飲む」という苦行が出てくる話は多い。

さて、爺さんは3種の洗い汁をしこたま飲んだ。こんな苦痛を味わってでも雀と再会したくて頑張った。やっぱり雀じゃなくて娘だったんだろうなあ。

そのあと竹藪《たけやぶ》の中の家に雀がいて、無事を確認すると土産を渡される。『日本の昔ばなし（Ⅱ）』には雀の宿もないし宴会のようなものも書かれていないのだが、広く知られている話のように歓迎の会がおこなわれていたとしたら、どのようなものだろうか。着物姿の可愛らしい雀が爺さんの酒の酌をし、踊りを舞ったり歌を歌ったりする。そんな情景が頭に浮かぶ。この場面にオスの雀の姿はイメージできない。雀のお宿は、ひょっとしたら倡《しょう》楼《ろう》で、おちょんの正体は女郎だったのかもしれないとも思う。

原作「腰折れ雀」

ところで、正直者と意地悪者が出てくる昔話は、正直な夫婦の家のとなりに意地悪な夫

婦が住んでいることがほとんどだ。「舌切り雀」のように夫婦で正直と意地悪に分かれていることは珍しい。

昔話のお約束で考えると、ふたりはお似合いの夫婦ではない。正直者の爺さんと意地悪者の婆さんは、ひかれあって結婚したのだろうかという疑問が湧く。なんで結婚しちゃったんだろう?

「舌切り雀」には原作と言われる作品がある。『宇治拾遺物語』所収の「腰折れ雀」だ。あらすじは次の通り。

子どものいたずらで腰の骨を折ってしまった雀を、優しい婆さんが助ける。家に連れ帰り、懸命に看病したために雀は息を吹き返した。雀が飛べるようになったので逃がしてやると、20日ほどで戻ってきてひょうたんの種を落としていく。

ひょうたんはたくさんの実を付けた。婆さんは里の人たちにこれを分け与えて、人々は食べた。手元に残しておいたひょうたんの実にはいつの間にか米がぎっちりとつまっていて、婆さんはたちまち裕福になった。

この話を聞いたとなりの意地悪女は真似をしようとしたが、腰の折れた雀など見つからない。雀に石を投げて腰の骨を折り、その雀をつかまえて看病した。腰が治って飛び立った雀はひょうたんの種を持ってきた。女はそれを植えたが実はとても臭く、虻《あぶ》、蜂、百足、とかげ、蛇などの毒虫がうじゃうじゃと出てきた。女は毒虫に刺し殺されてしまった。

「腰折れ雀」は夫婦の話ではなく、隣家に住む女ふたりの話なのだ。時代を経て口伝えをされているうちに、家が合併したり性別が変わったり家族になったりなどの事情があったようだ。つまり、正直婆さんは、時代の流れでいつの間にやら性別が変わり、気づいたらとなりの意地悪婆さんとの同居が始まってしまったということのようである。お似合いの夫婦でない理由はここにあった。ふたりが仲良くやれないのも仕方がないことなのだ。ふたりのすき間におちょんが入り込むことはたやすかっただろう。

婆殺害は計画的犯行

仲が良かろうが悪かろうが、長く一緒に生活をしているふたりだ。爺さんは婆さんの性格をよく分かっているはずである。なのに、大きいつづらもあったことをわざわざ告げたのはなぜなのだ。

大きいつづらがあると言えば、雀の宿に行ってそれを持ち帰るであろうことくらい、爺

さんは予想できていたであろう。婆さんの行動を予想した上で、婆さん殺害計画を雀のお宿で練ったのではないか。

言うまでもなく、おちょんには舌を切られた恨みがある。爺さんに挨拶もせずに逃げ出してきたが、再会したからには舌を切られてどれだけ痛かったか、つらかったかを話さずにはいられなかっただろう。話しているうちにエキサイトし、憎しみが増加することはままあることだ。

爺さんは爺さんで、意地悪で欲張りな婆さんへの不満がたまりにたまっている。おちょんの話を聞いてやっているうちに、殺害計画を思いつく。

「大きいつづらもあったと言えば、きっと取りにくるはずじゃ」

「あちきが出迎えては、婆様は機嫌を悪くするかもしれませぬ」

「いやいや。土産が欲しいじゃろうから、危害を加えたりはせんよ。大丈夫じゃ」

「さいですか。それなら安心です」

「つづらの中になにか仕込んでおくといいのう」

「なにがいいでしょう」

「婆さんの性格じゃ。必ず途中でつづらを開けることは目に見えておる」

「でしたら、化け物でも仕込んでおきましょうか。森には人の命を奪うような妖怪がたくさん潜んでおりますゆえ、ちょっと入ってもらうよう話をつけますわ」

「そうか、それはいい」

このような会話がなされたのではないか。

爺さんは予定通り、小さいつづらを持ち帰ったことを婆さんに話す。婆さんは憤慨して家を飛び出し、雀の宿に向かう。

すべて計画通りに事は運んだ。婆さんは大きいつづらを選び、帰宅まで我慢しきれずに山道の途中でつづらのふたを開け、多くの物怪《もののけ》たちに襲われて悲惨な最期を迎える。こうしておちょんの復讐《ふくしゅう》は遂げられ、爺さんは長年の心労から解放されることとなった。

おちょんは年寄りがお好き？

このあとおちょんはまた爺さんの家に暮らすことになるのだろう。

しかしそれはおちょんにとって地獄の生活の始まりだ。なぜなら、おちょんは本気で爺さんを好きであるわけがないのだ。もし離れたくないほど爺さんを好きだったとしたら、行き先を告げてから去るはずである。おちょんとしてはこの辺で手を切りたかったのだ。おちょんにとってこの関係は、いわゆる「パパ活」だったのだろう。

餌をくれるから懐いていたが、婆さんにやられて逃げ出し、命だけは助かったと一安心していたら、爺さんは遠く離れた宿を探し当てた。手を切ったつもりだったのに、爺さんが一方的に追いかけてきたのだ。

おちょんは爺さんの好意を利用し、婆さんへの復讐を思いついた。婆さんが家までつづらを開けずに持ち帰り、爺さんの前で開ける可能性だってある。おちょんはそれでも構わなかったのだろう。婆さんに恨まれてまで続けたい関係ではないし、遠くまで追ってくる執念も怖い。いっそのこと、ふたりとも食われてしまえとすら思っていたのかもしれない。しかし、復讐は成功した。

男女が同じ秘密を持つことを心理学では「秘密の共有」といい、相手との親密度が増すという。婆さんを殺害したという、とても大きな秘密。誰にも打ち明けるわけにはいかない、恐ろしくも甘い秘密。

爺さんと婆さんは時代の流れで同居が始まったわけあり夫婦だが、爺さんとおちょんが同居するとしたら、老夫婦のはるかに上を行くわけあり夫婦だ。それでも「秘密の共有」があるから、うまくやっていくことができるのかもしれない。死後はおちょんも爺さんも、閻魔大王に舌をパチンとやられることは確定だと思うけどね。

おまけ・掌編小説

女たちの思惑

　婆さんは命からがら化け物から逃げ出した。

　身なりも髪もボロボロになった婆さんが山のふもとで休んでいると、一人の爺さんが声をかけた。

「お前、ひどい格好しているな。どうしたんじゃ」

「化け物に襲われて……」

「それは大変じゃったのう。うちで休んでいくといい」

　婆さんは一休みさせてもらうことにした。爺さんは一人暮らしの木こりだった。婆さんは恩返しに鍋を作った。ふたりは囲炉裏を囲んで暖かい夕食を取った。

　婆さんは一連の出来事を話して聞かせた。

「で、なぜかわしが舌を切った犯人にされちまって……」

「切ってねえのか」

「切ってねえとも。糊は猫が食ったと雀は言うたんじゃ。けれども、糊がついていたのは

第6章　舌切り雀

猫の口ではなく、雀の舌じゃった。わしゃ『こらっ！　嘘つくと舌切っちまうぞ！』とハサミをパチパチやっただけじゃよ」

「たしかに、あんなちっこい口に、ハサミは入んねえな」

「じゃろ？　どうやって切れと言うんじゃ。舌がなくなったように見えたかもしれんが、それは、糊のせいじゃろ。糊が口の中で固まっちまって、舌が動かなかったんじゃろうな」

「ああ、なるほどな」

爺さんは鍋をほおばった。人と夕餉《ゆうげ》を共にするのは久しぶりで、心が温かくなる。

「雀は宿に来た爺さんに『もう舌は治った』と言ったそうじゃ。最初から切られてなどいないくせにのう。ひどい話だよ」

「はっはっは。爪じゃあるまいし、切られた舌が生えてくるわけがねえもんな」

婆さんは今までの出来事を順を追って話した。化け物に襲われて混乱し、なにが起こったのか自分でもよく分かっていなかったが、話しているうちにだんだんと整理されてきた。

「つづらを取りに行けと、わしは爺さんに遠回しに言われたんじゃよ。なんせ、雀の宿から帰ってきた爺さんは『つづらがもう一つあった』と言って、わしの顔をじっと見たんじゃ。そして、自分は長旅でくたびれたとかなんとか。取りに行けと言うことじゃろう？」

「そういうことじゃろうなあ」

「そしたら、化け物を背負わされちまった」

「お前さんを殺すつもりだったのかね」

「なんだかんだ言うても、わしゃ雀の面倒を見てきたんだよ。殺される理由なんてないよ」

「なんにせよ、逃げ延びることができたんだ。神様が守ってくださったってことじゃ。お前さんが死なずにいてくれて良かった。わしに言えるのはそれだけじゃ」

爺さんは「この鍋うまいな」と満足そうな笑顔を見せて何杯目かのお代わりをした。料理を作ってこんなふうに喜んでもらえたのは初めてかもしれない。一緒に住んできた爺さんはこんな言葉をかけてくれたことなどない。意地悪だ、欲深だといつもけなしてくるばかりだった。

婆さんの疲れた心もほぐれていく。

「しばらくこちらでお世話になってもええじゃろか」

「ああ、是非そうしとくれ」

その晩、遅くまで爺さんの小さな住まいには明かりが灯り、鍋のうまそうな匂いが立ちこめていた。

婆さんがつづらを持ち帰ったあと、雀の宿はこの話題で持ちきりだった。

「ほんとに取りに来たね」

「途中で開けるかしらね」

「開けなかったらお爺さんが食われちゃうかも」

ピーチクパーチクとみんなが騒ぐ中、おちょんは表情を変えずに言った。

「別に途中で開けなくってもいいのよ」

「え、どういうこと？」

仲間の雀たちが興味深そうに群がる。

「もうね、爺さんが食われちゃってもいいの。だってね、こっちは餌くれたらそれでいいだけなのに、おちょんおちょんってベッタリしてきてウザいったらないわ」

「それはおちょんが可愛いからでしょ」

「だけど、そのせいで婆さんから恨まれちゃうなんて割に合わないでしょ。舌切られそうになったのよ？」

「爺さんは切られたって信じてたね」

「こんな遠いところまで心配して見に来るなんて、ストーカーっぽいんだよね。まさか来るなんて思ってなくてびっくりしたわ」

あの爺さん、優しいのではなくストーカーなのだろうか。確かにこんな遠いところまで追いかけてくるなんて――雀たちはゾッとした。

「婆さんが途中で開けても構わないし、家まで持ち帰ってから開けてもいいと思ってるんだ。もうこんなところまで来られるの怖いからさ、ふたりそろって化け物に処分されたらスッキリするわ」

おちょんは、ふふふと低く笑う。

そのとき、つづらに入れた大百足が戻ってきた。

「婆さん、途中でふたを開けたんですが、なかなか逃げ足が早くって。うっかり取り逃がしちまいました」

婆さんは無事か。そして、爺さんにも被害は及ばないということか。

おちょんは少しがっかりした。

「だったらまた餌をもらいに行こうかな。んー、でも今度こそ、婆さんに殺されちゃうかもしれないよね。やめとこ」

おちょんは小さくて可愛らしい舌をぺろりと出して肩をすくめた。

第7章

鶴の恩返し

——家庭を壊す底なしの金銭欲

第7章

鶴の恩返し

――家庭を壊す底なしの金銭欲

あらすじ

つましく暮らしていた貧しい若者が、ある日罠《わな》にかかっている鶴を見つけ、なけなしの金を猟師に払って鶴を買い取り逃がしてやった。

その晩、家にひとりの娘が訪れ、嫁にしてくれと若者に頼む。若者は貧しいため無理だと辞退したが、何度も懇願された結果とうとう受け入れた。ふたりは夫婦として暮らし始めたが、生活はさらに苦しくなった。娘は暮らしの足しに、布を織ると言い出した。

「仕事をしている間は決して部屋をのぞかないでくださいませ」

娘は部屋に閉じこもり、3日間布を織り続け、出てきたときにはひどくやつれていた。娘の織った美しい布はとても高く売れたが、金はあっという間に使い果たしてしまう。

娘は2枚目の布を織った。1枚目のときと同じように、のぞいてはいけないと男に告げた。布が織りあがった頃には、娘は憔悴《しょうすい》しきっていた。布はやはり高く売れたが、売った

金はまた底をついた。

若者は3枚目の布を織るように娘に頼む。娘はまた決してのぞくなと告げ、部屋に入った。

「あんな美しい布をどうやって織るんじゃろか」

若者はとうとう我慢できなくなり、部屋をのぞき見る。機織り機を使っていたのは一羽の鶴だった。鶴は自らの羽を引き抜いて織り込み、美しい布を作っていたのだった。

「私は命を助けていただいた鶴でございます。お礼に布を織っておりましたが、見られたからにはもうお別れでございます。どうかごきげんよう」

鶴はそう言い残し、大空に飛び立ったのだった。

考察●

募る愛しさは呪いとなった

機織りの音は大人の風味

からりからり　とんからり。

深夜に響く機織りの音。

ぼんやりと障子に映し出される影。

鶴が自らの羽を抜いて機を織り美しい布を作り上げるとは、なんと幻想的な設定だろう。

幼い頃、この物語の美しさや切なさや大人っぽさにうっとりとした記憶がある。他の昔話では「婆汁食べた！　婆汁食べた！」などと大騒ぎしているというのに、この話では森閑とした空気の中でからりからりとんからりである。それまで出会ったことのない大人風味の昔話に酔いしれたものだった。

大人になってからこの物語に触れると、美しいだけではなく、人間の欲望を描いた作品であることに気づく。際限なく肥大していく人間の欲望。一方で、動物の純粋さは変わることがない。根本から違う両者が夫婦として生きていくことなど最初からできなかったのだ。そしてさらに、各地に残されてきた話まで調べてみると、新たに気づくことがある。鶴の愛は憎しみに代わっていた。そして、最終的に鶴は男に呪いをかけるほどだった、ということだ。

鶴女房・夕鶴・鶴の恩返し

知名度の高い物語だが、概略を紹介したい。

昔話「鶴の恩返し」は東北地方を中心に口承で親しまれてきた民話「鶴女房」が元となった、異類婚姻譚《たん》であると同時に美しくも悲しい動物報恩譚でもある。

１９４９年には木下順二の戯曲『夕鶴』の題材にもなっている。『夕鶴』を台本にしたオペラは大ヒットし、海外でも人気を呼んだ。『夕鶴』を知れば「鶴女房」および「鶴の恩返し」のテーマや行間が見えてくるので、こちらのあらすじにも触れておきたい。

青年与ひょうは、ある日罠にかかっている鶴を助ける。鶴は女性に姿を変え、つうと名乗り、与ひょうの元を訪れて共に暮らし始める。ふたりは仲良く暮らしていたが、友人たちはつうが鶴だと感づき、彼女の織った反物を利用して金儲けをしようとする。

彼らにそそのかされた与ひょうは金に目がくらみ、人格すらも変貌してゆく。布を織るのを嫌がるつうに対し、乱暴な言葉で機織りを命令するようになった与ひょう。つうは金儲けのための仕事に嫌悪感を抱く。

しかし結局、つうは不承不承機織りを引き受ける。そうしないと、離れていきそうになる与ひょうの心をつなぎとめておくことができそうもなかったのだ。

友人たちはつうが機を織っている姿をのぞき見し、与ひょうもまた約束を守れずにその姿を見てしまう。つうは織りあがった布を残して空へと飛び立ち、与ひょうの元を去る――。

金に執着する人間と、愛に執着する鶴。その価値観の違いは永遠に交わることがない。どちらが悪いわけではなく、どちらが正しいわけでもない。生きる世界が違った、それだけのことなのだろう。

布と共に運命を織る鶴

矢川澄子再話の『つるにょうぼう』では、嫁は最初三日三晩布を織り続け、男は約束通り戸を開けず、出てきたときはやつれていたという流れだ。

矢川版に限らず他の話でも、鶴は「決して見ないように」と男に言って、部屋にこもる。このあと、男は戸を開けてしまうわけだが、初回の仕事では開けない。2度3度と反物を織るようになると、開けてしまうのだ。

矢川版では、2回目に織るときには「もう一どだけ、はたを織りましょう。でももう、これっきりにしてくださいまし」と言って部屋にこもった。男はこのときも戸を開けたりはしなかった。部屋から出てきた鶴は「いたいたしいふぜい」だった。

だが、これで終わりではなかった。男はもう一度布を望んだのだ。

鶴は抗議をした。

「なんでそんなにお金がいります」

「ふたりして暮らせさえすれば、十分ですのに」

しかし男は寝ても覚めても金・金・金。

頼めばなんとかなると思ってしまった男。布を織るのは一度きりにすべきだったのだ。

夫婦の苦難を愛で乗り越えずに布で乗り越えてしまった鶴。もう後戻りはできなかった。

嫁はまた過ちを繰り返す。もう一度織ることを承諾するのだ。鶴は「ほんとに、二どとふたたび織れませんけれど」と念押しする。

「もう一度だけ」
「もう二度と」
「これっきり」

こんな言葉を繰り返せば「二度と」でも「これっきり」でもなくなる。

鶴は文字通り「身を削って」の愛を捧げる。それは一方通行で報われることはない。そして、愛はいとも簡単に憎しみへと変わる。

河合隼雄は『物語を生きる』の中で「機を織るのは運命の女神の仕事」だと述べている。言われてみれば、「運命と宿命の縦糸と横糸」などという表現があるように、確かに機織りや布には人生や運命を想起させるイメージがある。

妖怪の世界では、山姥《やまんば》が機織りの伝説を全国に残している。人里に降りてきて貧しい家の機織りを手伝う。この布は高く売れるというから、貧しい家の運命を山姥が上向きに織りあげたということになるだろうか。

また、ギリシア神話で機織りといえばアラクネの話が有名だ。機織りが得意だったアラクネは慢心を起こした結果、機織りの神アテネの怒りを買い、蜘蛛《くも》にされてしまう。アラクネは蜘蛛として自ら糸を出しながら機を織り続ける運命を背負ったのだ。

第７章　鶴の恩返し

鶴は幸せな未来を織っていたつもりだった。しかしながら、彼女の織っていたのは不幸な未来だった。縦糸と横糸のかけ方を間違えてしまったのだ。彼女の織る布は美しければ美しいほど自身の人生が不幸になってゆく、そんな皮肉な布だった。

「これっきり」「もう二度と」そんな言葉を口にしながら機を織り、鶴は憎しみを募らせていった。鶴が募らせていたのは切なさや悲しみなどではない。憎しみである。これについては次の段「後日談は呪いだらけ」で述べることにする。

募る憎しみと歩調を合わせるように、身体はどんどんやつれてゆく。男が障子を開ける理由があるとしたら「嫁が心配だから」であるべきだが、男が障子に手をかけたのは待ち遠しさと好奇心からだった。

そこにいたのは血みどろになりながら羽を抜き、布を織りあげる一羽の鶴。

禁は破られた。これで、立ち去ることができる。

鶴は、ほっと胸をなでおろしたに違いない。

なぜならこの布を織りあげた暁には、きっとまた次の布を欲しがるに決まっている。鶴が男の元を去るまで、この痛ましい作業が続くのは目に見えているではないか。次の布を織れば、命を失うかもしれない。肉体の消耗を考えると、もう長くはない可能性が高い。

昔話の世界では、動物は人間に助けてもらったら恩返しをするのがルールのようだ。また、動物は義理堅く、禁が破られるまでは途中で逃げ出したりなどしないのだ。逆に言えば、正体を見られさえすれば、堂々と立ち去ることができる。

ばれたのだから、もう血を流さなくともいいのだ。とりあえず、命を落とす前に禁が破られたのだ。

そうして、憎しみをかかえてラストシーンへとつながってゆく。

後日談は呪いだらけ

飛び去ってさようなら、という美しい終わり方をする「鶴女房」が絵本などでよく知られているが、ここで終わらない話もある。鶴が一度立ち去った後、男と再会するという後日談的な部分が記されている話があるのだ。鶴が憎しみを募らせていたことも、これらに触れるとよく分かる。

鶴は水の入った皿に一本の針を入れて残していく。水の入った皿が「池」を意味し、針は「播磨《はりま》」とひっかけてあり、「播磨の皿が池」という意味となる。自分の行き先は播磨の皿が池だから会いに来いと男に告げているのだ。

男がこの謎を解いて会いに行くと、池から出てくるのは羽をなくして赤裸となった鶴だ。ここで鶴が礼を言って終わりという話もあるが、池の中に消えるという話もある。相手は白鳥やアヒルではなく鶴だから、水の中に消えたのは単に隠れたということではなく、死んだという意味なのだろう。

恩返しなら、裸になってしまった姿や死んでゆく姿を見せる必要などはない。このエピソードは鶴の呪いだとしか思えない。最初はきちっと恩返しをしてきれいに去るつもりが、何度も反物を作らされてしまう。人間の欲やずうずうしさは、動物の常識では予想できないことだろう。ズタボロになるまで継続する作業はまったくの想定外だった。もちろん恩は返したかっただろうけれど、そこまで求められては憎しみに変わることもなんら不思議ではない。

恩を受けたのは鶴で、勝手に報恩しているのも鶴だ。報恩に代償は必要ない。しかしながら動物は、昔話に「動物報恩譚」というジャンルができるほど報恩が好きで、恩を返すのが常識だという世界に生きている。恩は返すものだから、自身の行動もいつか報われて、相手もまた恩を返してくれると信じているのではないかと思う。

ちなみにこの播磨の皿が池の話は、青森県三戸郡、秋田県仙北《せんぼく》郡、福島県河沼《かわぬま》郡、山梨県西八代《やつしろ》郡、岡山県御津《みつ》郡（現岡山市）などに見られる。

岡山県後月《しつき》郡（現井原市）では、播磨の皿が池ではなく、小盆村のいらさか池となっている。ここに男が訪ねていくと、鶴の中に毛のない鶴を見つける。その鶴は男を見ると葦《あし》の中に身を隠したというラストだ。これもやはり呪いではないか。わざわざ居場所を教えて会いに来させておいて、みじめな姿を見せるだけ。男が来ても出迎えなかったのは、再会したくなどなかったからだ。男のせいでこんな姿になってしまったということを見せつけたかっただけなのだ。

香川県三豊《みとよ》郡（現三豊市）にいたっては、正体を見られた後「織物を宝物にして出世してください」と言い残して女は池の中に身投げした、という話まである。これはもう報恩譚ではない。かなり呪い度の高い恐怖物語だ。

呪いを消すためには

関敬吾編『日本の昔ばなし（I）』に掲載されている、鹿児島県薩摩郡に伝わる話のラストが非常に興味深い。こういった内容だ。

鶴は裸になるまで羽を抜いて反物を織りあげたが、男が戸を開けたので正体がばれてしまう。男に別れを告げると、西の空から千羽もの鶴がやってきて、裸になった鶴を連れて

第7章
鶴の恩返し

どこかへ飛んで行ってしまった。

男は鶴に会いたくて我慢ができず、日本中探し回る。しかし鶴は見つからない。ある日、とある浜についた小舟に乗り込むと、美しい白浜に到着した。そこには立派な池があり、池の中央には砂丘があった。砂丘には鶴が集っていて、嫁だった裸の鶴もいた。彼女は鶴の王だったのだ。

ここでこの男はどうするのかと思いきや、しばらくご馳走をうけて、また小舟で帰ったというのだ。なんと、それでこの伝承は終わりなのだ。ご馳走をうけて帰ってきただけ。日本中を探したのは、単に会いたかっただけなの？　鶴でもいいから嫁として戻ってきて欲しかったんじゃなかったの？　そんな至近距離で再会できて時間もあったのに、ご馳走になったってなに？　まさか、相手の正体が女王だったからビビっちゃった？

そんな思いが頭をめぐる。

無茶をさせたことを詫《わ》びて、鶴を抱きしめられたなら——。

もう反物は織らなくていいから戻ってきてくれないかと言ったなら——。

ならば、各地に残された鶴の呪いが消えるのではないか。少しでも愛があれば、愛が一方通行でなければ、各地の鶴たちに呪いの後日談など必要なかったはずなのだ。

おまけ・悩み相談室

昔話のキャラに聞け!

G・ムカシノ 「悩み相談室　昔話のキャラに聞け!」の時間がやってきました。私、司会のG・ムカシノです。本日のゲストは、見るなの禁止を2度まで破らなかった、我慢強さが自慢の若者先生です!

若者 結局3度目は見ちまったんだけどな。どうぞよろしく。

G・ムカシノ さっそく、相談に行ってみましょう。新潟県の会社員I美さんと電話がつながっています。

I美 よろしくお願いします。

G・ムカシノ I美さんはよく男性から「重い」と言われてしまうということで悩んでら

っしゃいます。お話をうかがってみましょう。例えばどんなことで重いと言われるんでしょうか。

I美 職場で咳をしていたらキャンディをひとつもらったので、お礼に夕食を作ってあげようと思いまして。マンションを調べてお邪魔しちゃいました。

G・ムカシノ 相手は彼氏さんですよね？

I美 ただの同僚でした、その日までは。夕食を作ってあげて、彼女にしてってお願いしたんです。本当はお嫁さんにして欲しかったんだけど、いきなり重すぎるって言われました。だからとりあえず彼女にしてもらいました。

若者 なんでいきなり嫁さんなんだ？ おらのうちと同じだな。

I美 だって、尽くそうと思ったらお嫁さんになるのが一番でしょ？ その日から、毎日家でお料理作って、彼のマンションに持って行って、部屋の前で帰りを待つようになりました。でも、これって重いそうです。

若者　外で待ってるのか。

I美　鍵をくれないんです。そこまでの付き合いじゃないだろって。で、私、お部屋を大事にしたらお部屋の鍵をもらえるかなと思って、外で帰りを待ってる間にドアをピッカピカに磨いたり、お花を飾ったり。こないだは表札を作って、勝手につけちゃいました。もちろん彼と私の名前入りでーす。

　誕生日には手作りセーターをプレゼントしようと思っています。白地に黒の模様入りです。黒の模様の部分には、私の髪の毛を編み込んでみました！　髪のところ、つやつやしてきれいなんですよ。喜んでくれるでしょうかね〜。編みもの得意だからセーターくらい楽勝だし、毛糸代だけだし、これなら重くないですよね？

　そうそう、たくさん髪を仕込んでたら、ハゲがちょっとできちゃいました。えへへ。でもこんなこともなんか嬉しいんです。

若者　いくらなんでもやりすぎだべ。おらの嫁っこみたいだ。

I美 え、お金かかってませんよ？

若者 金の問題じゃねえ。手作りのものはただでさえ重いもんだ。髪の毛編み込んであるなんて、重さ通り越して怖いだけじゃ。

ええか。相手に喜んで欲しかったら、相手がどういうことに喜ぶのか、どういうことをして欲しがってるのか、ちゃんと考えなきゃいかん。お前さんは相手のためにやってるんじゃねえ。自分がしたいことを、自分のためにやってるだけじゃ。相手が重く感じるのは当たり前じゃ。

I美 確かにそうです。自分がしたいことを、自分のためにやってます。だって、私の編んだ、私の髪入りのセーター着て欲しいんだもん。

若者 残念ながら、相手はそんなもん着たいと思ってねえ。

G・ムカシノ 若者先生も、お嫁さんに機織りじゃなくて他のことをして欲しかったんですか？　まあ、自分の羽を織り込むなんて、さすがにちょっと……ですよね。

若者　そうだなあ。おらが稼いでくるために、力のつく飯作ってくれるとかな。裸になるまで羽抜くなんて……なあ。一体どうやって思いついたんだか。
しかしおらも感覚がおかしくなっちまって、高く売れる布を織ってもらうことが当たり前になっちまったんだよなあ。ひどいことしちまった。

鶴　はあ？　ちょっとアンタ、なに言ってんの。羽を使ってると思わなかったって？　じゃあ、布の材料どこから出てると思ってたのよ？

若者　うわ！　びっくりした。どこから来たんだ？

鶴　ずっと見てたわよ。

G・ムカシノ　これはこれは鶴さん。飛び入り参加ですね。ようこそ。確かに鶴さんの言う通りですね。若者さんちは金がないのに、どこから材料が出てると思ってたんです？

若者 あ、そうだな、言われてみれば……。

鶴 もらうもんだけもらっといて、善人ぶったこと言ってんじゃないわよ。それに、私は手作り品を押し付けてたんじゃないわよ。あんたが欲しがったものを作っただけでしょうが。ふざけないで。呪うわよ？

I美 そっか。相手が欲しがったものをプレゼントしても、幸せになれるわけではないんですね。難しいなあ。

鶴 そういうことね。あ、ちょっと、アンタ、どこに逃げようとしてんのっ。待ちなさいよ。

若者 うわっ。いてっ。くちばしで攻撃するのやめてくれ。いたいいたいいたいいたたたた。

鶴 私の方が何倍も痛かったっつーの！ I美さんも、自分が血を流すようなことはしちゃだめよ。

I美　はい、分かりました。

G・ムカシノ　さてそろそろ時間が来たようです。本日は貴重な話をありがとうございました。「悩み相談室　昔話のキャラに聞け！」はこれでおしまいです。また別のコーナーでお会いしましょう。

第8章

猿の婿入り

——異類婚姻譚に待ち受ける悲劇

第8章

猿の婿入り

――異類婚姻譚に待ち受ける悲劇

あらすじ

3人の娘を持つ爺さんが畑仕事をしていると、猿がやってきた。

「仕事を全部片づけてやるから、娘をひとり嫁にくれ」

爺さんは（ひとりくらい嫁に行ってくれるじゃろ）と考えて猿の申し出を承諾すると、猿は見事に仕事を片づけた。帰宅した爺さんは3人の娘たちに事情を話し、嫁に行ってくれるかと聞いてみると、長女と次女は「猿の嫁なんて汚らわしい、いやらしい」と断ったが、末娘は引き受けた。

「親孝行だと思って嫁に行きます。嫁入り道具に半胴《はんどう》（ふた付きのかめ）と鏡を用意してくださいな」

爺さんは言われた通り、半胴と鏡を用意した。

嫁入りの日が来た。迎えに来た猿に、末娘は「大切な嫁入り道具だ」と半胴を背負わせ

て、鏡は自分の懐に入れた。末娘と猿は家を出た。川にかかった橋を渡るとき、末娘は鏡をわざと川に落とす。

「いやああ、大切な鏡を落とした。うわああああん！」

「そんなに泣くでない。半胴を置いて、わしが拾いに行ってやるよ」

「命より大事な半胴だから、地面に置くなんてとんでもないわ」

「それなら背負っていけばいい」

猿は半胴を背負って川に入った。

「このあたりか」

猿が聞くたびに、娘は「まだ先」「もっと向こう」だと言う。川はどんどん深くなり、とうとう半胴の中に水が入り込んで猿は沈んでしまった。末娘は家に帰り、爺さんと喜び合ったのだった。

考察

一生騙せば それは真実となる

猿はかわいそうなのか

後味の悪い話だ。ざっくり言うと「真面目な猿から搾取して、殺して、一件落着」の話なのだから、後味がいいはずはない。

しかし、何度か読み込んで考えてゆくと、これは優しさにあふれた話であると思うようにもなった。末娘は哀れみ深い女なのかもしれないと。

おそらく読み手は「猿かわいそう派」と「娘よくやった派」に分かれることだろう。私は最初からずっと「猿かわいそう派」だった。爺さんも娘も猿以下だ。憎しみすら感じた。

第8章 猿の婿入り

猿は爺さんを騙《だま》して娘を手に入れようとしたわけではない。真剣に畑仕事をこなし、爺さんとの約束を守った。だというのに、人間側は猿を汚らわしいものと考えた。爺さんは畑仕事は猿任せ、あと始末は娘任せ。末娘はひそかに猿の殺害を計画しつつ嫁入りを承諾。猿との約束を反故《ほご》にするばかりか殺害まで行ったというのに、その成果を父親と喜び合う。その姿は「汚らわしい猿」よりももっと汚らわしい。また、末娘による猿の殺害方法があまりにも残酷で、サイコキラーなのではと疑ってしまう。

しかし、そんな娘に感情移入してしまう人が多いからこそ、このあらすじのまま現代まで残っているのだ。この結末に納得がいかない人が多かったとしたら口承されていくうちに変わっていくはずだ。猿を騙した人間に天罰が下るという話に変化していないところを見ると「娘よくやった派」が多いのだろう。

日本の異種婚姻譚《たん》は、「鶴の恩返し」（137ページ）のように女性が動物だった場合は正体がばれると立ち去るという特徴がある。しかし、男性が動物だった場合は殺されてしまう。本書では取り上げていない昔話だが、「鬼婿入り」「蛇婿入り」などにもこの特徴は見られる。人間が裏切って婿を殺してしまうのだ。

小澤俊夫は『昔話のコスモロジー』で、猿が殺されてゆく場面について「猿の嫁にされた末娘への同情を感じて聞いている人には、つぎにくるどんでん返しがこの上なく嬉しく、ほっとすることだろう」と述べ、「娘はとにかく無事猿の力から脱出することができたのである。その意味で、『めでたし』なのである。」と説明している。確かに、望まぬ相手と結婚しなくて済んだという事実だけ見れば、めでたしめでたしだ。

まず、爺さんが安請け合いをして結婚話を決めてしまう。この時点で多くの読者は、爺さんの過失を追及したくなるだろう。そのあと、姉ふたりが嫁入りを断り、読者が「そりゃそうだろ。爺さん責任とりなよ」と思っていたら、末娘がまさかの承諾。

「うわ、爺さんの責任を末娘がとるの？　かわいそっ」

こんな気持ちが湧いてきて、末娘に一気に感情移入。猿が死んでホッ。こういう流れかもしれない。

このような感情の流れは納得できても、だからといって、私自身も「娘よくやった派」に宗旨替えとはならない。やはり猿がかわいそうだ。正直者の爺さんが最後に金持ちになるように、正直者の猿も最後には幸せになって欲しい。やはり最後は正直者が勝ってこそホッとするものなので、この話から一体なにを学べばいいのかと悩んでしまう。

「正直者は馬鹿を見るから、ほどほどに」といった警告か。

「人間はどこまでも浅ましい」という皮肉ともとれる。

爺さんや末娘を擁護するなら「身の程知らずはこらしめるべし」という教訓かもしれない。
猿に話して聞かせるなら「身の程をわきまえないと痛い目にあうぞ」という戒めだと語ろうか。

動物との愛は越えられない壁

「鶴の恩返し」もそうだが、動物との婚姻譚でまず感じるのは「なぜ動物だといけないのか」ということだ。これは昔話であり、ノンフィクションの物語ではない。異種間での愛が描かれていてもいいのではないかと思わずにはいられない。これも日本の昔話の特徴なのだ。

ちなみに、異種間での結婚が描かれる国もある。小澤俊夫はエスキモーの婚姻譚である「かにと結婚した女」を紹介している。

年頃の娘を持つ漁師がいた。多くの若者が求婚してきたが、娘はすべて断った。なぜなら、すでに娘はこっそり大きなカニと結婚していたのだ。カニは恥ずかしがり屋でなかなか表に出てくることはなく、いつも隠れていた。漁師は漁をしない婿を嘆いた。するとカニは人間の姿に化けて漁に出かけ、大きなアザラシを3頭、獲物として持って帰った。それ以来カニは漁を続け、家族は不自由なく暮らした。

やがて娘とカニに子ができ、家からは楽しそうな声が聞こえてくるようになった。婿の姿を見たことのない姑《しゅうとめ》がこっそり家をのぞいてみると、そこにいたのは「大きな大きな眼が頭からダラリと垂れ下がった、しわだらけの小男」だった。姑は驚きのあまり死んでしまう。その後もカニは漁を続け、妻子ともども幸せに暮らした。

日本の昔話では考えられないようなオチだが、真面目に漁を続けたカニと一家は幸せになり、死んだのは好奇心で人の家庭をのぞいた姑だけ。納得できる展開だ。

我が国は礼儀と正義を重んじる国だと思っているし、そうであって欲しいと願っているので、「猿の婿入り」ではなくこの話こそ日本で生まれたものであったらいいのになどと考えてしまう。

エスキモーにおいては動物との婚姻譚は珍しいものではないらしく、小澤はきつねが人間の妻となり、男に愛されて暮らす「人間の妻になったきつね」という話も紹介している。

第8章 猿の婿入り

「かにと結婚した女」も「人間の妻になったきつね」も、「動物」と「人間」との間に境線を感じさせない。エスキモーの生活形式や精神性などがこういった話を生み出すのだろうか。

ヨーロッパ圏の異類婚姻譚もまた特徴的だ。フランスの寓話《ぐうわ》「美女と野獣」では美女は最初野獣を嫌っていたが、やがて美女は野獣への愛を自覚し、愛の力で野獣にかけれられていた呪いが解かれて人間の姿に戻りハッピーエンドとなる。グリム童話の「カエルの王子」では、カエルは王女に嫌われて壁に投げつけられるが、これがきっかけで呪いが解けて人間に戻る。カエルの正体は王子で、王女と婚約する。

ヨーロッパでは動物を愛することはあるが、その動物は人間が姿を変えたものであって、最終的には元の姿に戻って人間と結ばれる。相手が動物だからといって悲劇のまま幕は閉じないものの、動物と婚姻関係を結ぶわけではない。エスキモーよりは人と動物との境界線を感じさせる。

ところが日本の昔話になると、動物嫁は正体を知られたら去らねばならず、動物婿は殺される。こうなると境界線どころの話ではない。人間と動物の間には、どう頑張ってもまたぐことなど不可能なフォッサマグナが横たわっているかのようだ。

「たにし長者」(31ページ)ではたにしの夫が人間になったというストーリーだが、本書で考察した通りこの男はたにしではなく別の人物で、たにしはやはり殺されたのだろうと私は考えている。

日本人は古くなった道具には命が宿ると考え、道具の妖怪を生み出してきた国である。日本人の根底にはアニミズムがあるはずなのに、どうしてこうも冷たい話になってしまうのか。生命を持たないものには愛を注ぐし命を見いだすが、動物を同等に考えるのは話が別ということなのかもしれない。

騙すなら最後まで

「美女と野獣」や「カエルの王子」では、呪いが解けたあと男は人間に戻り、ふたりで幸福に暮らすことができる。見かけの醜さに左右されることなく、内面の美しさを見て相手を愛することができたからこそ、その後の人生の安泰が約束されたのだ。

ヨーロッパの異類婚姻譚のように、「猿の婿入り」の末娘が猿と共に生活し、殺害しなかったらどうか。おそらく猿はずっと誠実に働き続けることだろう。そうして生活を続けていたら、夫にかけられていた呪いが解けて人間の姿に戻る。夫の正体は長者で、ふたりは一生不自由なく幸せに暮らしましたとさ——とならないものか。人間の姿にならなくと

第8章 猿の婿入り

もよい。正体は猿の王で山をたくさん持っていて、ふたりは生涯豊かに暮らしましたとさ——といった流れだと非常にホッとするのだが、我が国の異類婚姻譚の流れはそちらへ進ませてはくれない。

末娘は非常に頭のいい女だ。爺さんの話を聞いて事態を即座に飲み込み、どう動けば早期解決するのかを導き出した。猿と結婚するふりをして川に猿を突き落とす、といった程度のことだったら誰でも思いつくかもしれないが、彼女のやり方は事故に見せかけて確実に命を奪う方法だ。今までもこういったことを引き受けてきたのではないかと疑いたくなるくらいの鮮やかさだ。

末娘の頭の中には、実行日に交わされる会話などが次々とシミュレーションされたのだろう。完全に殺害計画へとベクトルが向かった。猿はすっかり爺さんや末娘を信じていて、爪の先ほども疑ってはいない。迎えに行ったときには、末娘との生活が始まる喜びでいっぱいだった。なんの疑いもないまま半胴を背負い、愛する末娘のために水に入る。そして最後の時を迎える——。

ところで私は、冒頭で「これは優しさにあふれた話であると思うようにもなった。末娘は哀れみ深い女なのかもしれない」と述べた。私が彼女に感じた優しさは「最後まで騙し通す優しさ」である。猿は健気《けなげ》なまでに人間のために行動した。人間側は最初から猿の言葉など真剣に捉えていないというのに、1ミリも疑わずに人間に尽くしていく。

愛することは幸福だ。パートナーや子どもなど、愛する人のために行動する時間ほど幸福なものはない。猿にとっては最後まで娘に尽くしきって、その喜びの中で死んでいくのが一番の幸福なのだ。真実は知らない方がいい。他者を騙すなら最後まで騙しきること。嘘をついて一生ばれなければそれは「真実」として残っていく。猿を最後まで騙しきれば、猿からすれば「巡り会って結ばれて愛し愛された生涯」だったという真実だけが残り、幸福の中、生命を終えることができる。

猿を川に沈めるとき娘が背中を押してしまえば、殺意がばれてしまう。騙して川に誘導するという一見残酷に見える末娘の作戦だが、実は最大の優しさなのではないかと考えるに至ったのだ。

「畑打ち型」と「里帰り型」

「猿の婿入り」は色々な話の展開があるが、ふたつの型に大別される。

ひとつは畑仕事を片づける代わりに娘を嫁に要求し、嫁に迎えるときに猿が殺されてしまう「畑打ち型」と言われるもので、あらすじに挙げた話がこれにあたる。

もうひとつは「里帰り型」で後半部分の流れが違う。ふたりが生活を始めてから猿が殺害されるもので「畑打ち型」よりも残酷さを感じる。話の流れは次の通りだ。

畑仕事を手伝った礼として、娘は猿に嫁入りし一緒に生活を始める。そして最初の里帰りの日が来る。娘は実家への土産として、ついた餅を持って行くという。爺さんは重箱に入れた餅は重箱くさいから食べないという理由で、餅を入れたままの臼《うす》を猿が担いで行くこととなる。

途中の川べりに桜が美しく咲いていて、娘は桜の枝を1本土産にしたいと言い出す。猿が枝を取りに行くが、地面に臼を置くと餅が土臭くなるとの理屈で、臼は担いだまま桜の木に登るのだ。

「この枝がいいか？」

「ううん、もっと向こうの」

「これか？」

「もっと上よ」

そうしてとうとう枝が折れて、猿は川へ転落。重い臼を担いでいるために、泳ぐことはできない。

「自分の命は惜しくない。妻の泣く声が悲しい」

そう言いながら猿は流されて死亡、娘は喜んで実家に戻る。

『日本昔話集成　第二部本格昔話1』（関敬吾著）所収の新潟県葛巻《くずまき》村（現見附市）に伝わる話では、猿は流れていくときに「命欲しくはないども、岡にゐたおゆか（嫁の名前）が可愛い可愛い」と言う。それを見ながらおゆかは「猿は下になあれ、臼は上になあれ」と言ったとある。

猿は嫁が可愛い可愛いと言いながら死んでいったのだ。疑うことのない、幸せな生涯だったに違いない。それに対し、死にゆく猿を見ながら下に沈んでゆけと念じる女。あまりに猟奇的すぎるという見方もできるが、これもまたこの上ない思いやりに満ちているとも言える。

ここで「ざまあみろ、猿の分際で人間に恋をするからよ！」と声を上げてしまえば胸はすっきりするに違いない。しかし彼女は決してそんなことはしない。最後まで騙し通す末娘。こうして猿の中では幸せな記憶に満ちたまま生命を終えることができたのだ。

さらに実家に戻った末娘は、印象的な言葉を口にする。爺さんに「兄にゃ（夫）はどうした」と聞かれ、「川い流いて死んでしまうた」と答えたあと、猿の生涯について「良い一生過ぎた」とも言っているのだ。真実を知らないまま死んでいったのだから良い一生だったはずだということだろう。

「どうせ日本の異種婚姻譚では一緒になれやしないんだから、こうするのが一番幸せなのよ」

頭の回転が早い末娘の、そんなセリフが聞こえてきそうではないか。

おまけ・直撃インタビュー

本音を聞かせて！

G・ムカシノ 皆様こんにちは。わたくし、昔話の謎解きに挑むインタビュアー、G・ムカシノと申します。昔話の謎解きをライフワークとしております。本日は「猿の婿入り」の謎に迫りたいと思います。では、殺されてしまった猿婿氏に話をうかがっていきましょう。

猿婿 殺されるなんてひどいじゃろ？ 今日は色々と話を聞いとくれ。

G・ムカシノ ひどい話でしょうかねぇ。猿は殺されても仕方なかった、と考える人も多いんですよ。

猿婿 殺されても仕方なかった？ な、なぜ？

G・ムカシノ　ではあなたは、ご自分の行動について反省すべき点はなかったとお考えで？

猿婿　反省じゃと!?　約束通り仕事をこなし、嫁入りの日には家まで迎えに行き、すべて嫁の指示通りに動き……、最後まで嫁をお姫様のように扱ったわい。キィッ！　なにを反省しろと！

G・ムカシノ　歯と敵意をむき出しにしないでくださいよ、怖いなあ。では、お聞きします。その約束は、あなたが強引に取り付けたのではありませんか？　父親から言い出したことではないですよね？

猿婿　そうじゃ、おらが言い出したことじゃ。でもおとっつぁんは承知したぞ。

G・ムカシノ　人間側は迷惑していると思わなかったのでしょうか？

猿婿　迷惑だったのか。

G・ムカシノ　迷惑だったから殺されたんですよ。

猿婿　キキッ！　ならば、迷惑だと言えばよかろう？　なぜ言わん！

G・ムカシノ　ひぃ、こわい。そんなふうに歯を見せられて平気な人間はいませんよ。あなたからは断れない雰囲気がにじみ出ているんです。

猿婿　歯をむき出すのは癖じゃ。どうしようもない。

G・ムカシノ　おそらく父親は、凶暴そうな猿を目の前にしてひるんでしまったんでしょう。怒らせたらかみ殺されるかもしれないと感じたんじゃないですかね。

猿婿　怖がっているようには見えんかったが。

G・ムカシノ　人間は感情を隠したり、見せかけの表情をする生き物なんですよ。怖くても平気なふりをしたり、不愉快でも笑顔を見せたりするものなんです。

第8章 猿の婿入り

猿婿　なんとややこしい生き物じゃ。

G・ムカシノ　ところで、あなたは猿なんだから、猿の嫁をもらえばいいと考えなかったんでしょうか？　人間から見れば、猿のくせにずうずうしいってもんですよ。

猿婿　キィ！　ずうずうし……っと、こほん。怒ってなどおらん。ずうずうしくはない。おらは猿だが、頭がいい。猿の嫁なんざもらいたくねえ。

G・ムカシノ　ふむふむ、なるほど。どうしてあの娘を選んだんです？

猿婿　おらは、あの娘のことを何年も前から好きだった。おとっつぁんの野良仕事にくっついて来ている娘を見て、恋に落ちたんじゃ。嫁にもらいたいとずーっと思ってたんじゃや。

G・ムカシノ　恋してしまったんじゃあ、仕方ないですね。

猿婿　じゃろ？

G・ムカシノ　でも、姉がふたりいるんですよ？　父親が末娘を差し出すとは限りませんよね。姉が嫁に来ると言い出したらどうするつもりだったんですか。

猿婿　おらはな、どうやったらあの娘を嫁にもらえるのか研究したんじゃ。むかしむかしあるところで、人間を嫁にした動物はおらだけじゃない。蛇やら、鬼やら、蛙《かえる》やら、色んな生き物が人間を嫁にしとる。

G・ムカシノ　この本にもたにしさんが登場していますね。

猿婿　そうそう。どんな話でも、動物たちは娘を嫁にくれと父親に持ちかけるじゃろ。だども、決まって長女と次女は断るんじゃ。嫁に行くのは末娘ばかり。それが昔話の決まりらしい。

G・ムカシノ　ほっほう、そこに気づくとはさすがですね。

猿婿　この法則を知ったから、おらは安心して、おとっつぁんに取引を持ちかけた。末娘を嫁にもらえることは確信しとった。

G・ムカシノ　そんなことまで勉強した上でのアプローチだったとは。頭がいいとご自分で言うだけのことはある。

猿婿　だども、殺されるのは計算外じゃったわ。

G・ムカシノ　あなたがさっき挙げた、蛇やら、鬼やら、蛙やら。これは異類婚姻譚の「蛇婿入り」「鬼婿入り」「蛙報恩」だと思いますが、確かにみんな末娘と結婚しています。で、彼らはその後どうなったか、ひょっとしてご存じない？

猿婿　その後？　結婚してめでたしめでたしじゃろ？

G・ムカシノ　残念ながら、みなさん殺害されてますよ。

猿婿　ええっ？　おら、結婚したところまでしか知らねえ！

G・ムカシノ　人間の女と動物の男のハッピーエンドはないのです。

猿婿　な、なんということだ。キィィィ。

G・ムカシノ　結局、猿の浅知恵ってところでしょうかね。あっはっは。あ、いや、失礼。怒らないでくださいよ。生まれ変わったら素敵な猿の娘とめぐりあえるといいですね。本日は猿婿氏に話をうかがいました。ありがとうございました。うわ、落ち着いて！　噛みつかないで！

第9章

かちかち山

——残酷描写・言葉遊び満載のエンタメ

第9章

かちかち山

——残酷描写・言葉遊び満載のエンタメ

あらすじ

山里で暮らす老夫婦の畑に、いたずらばかりする狸《たぬき》がいた。狸は畑をほじくり返したり、農作業をする爺さんをからかったりしていた。たまりかねた爺さんはある日、狸を罠《わな》にかけて捕まえ、縄で縛り上げて天井からつるし、婆さんに狸汁を作るように言って畑仕事に出かけた。

狸は「反省しているから許してくれ」と何度も婆さんに頼み込んで、縄を解いてもらうことに成功。婆さんの仕事を手伝うふりをして、杵《きね》で婆さんを撲殺した。

前の山に住むうさぎが、嘆き悲しむ爺さんを気の毒に思い、敵討ちを約束した。うさぎは薪ひろいを手伝ってくれと狸に持ちかけ、狸に薪を背負わせて火打ち石でカチカチと火をつける。

「カチカチと音がするぞ？」

第9章 かちかち山

「ここはかちかち山だからね」

ひとつ山を越えた頃には、薪はボウボウと音を立てて燃えていた。

「ボウボウと音がするぞ？」

「ここはぼうぼう山だからね」

すっかり騙《だま》された狸は大火傷を負った。

うさぎは別のうさぎのふりをして火傷に苦しむ狸の前に現れ、薬だと偽って唐辛子入りの味噌を塗りつけて、さらに狸を苦しめた。

うさぎはまた別のうさぎのふりをし、魚をご馳走すると言って狸を漁へと誘い出した。狸が乗り込んだのは泥の船だった。沖に出た泥船は溶けて沈み狸は溺死《できし》、うさぎは婆さんの仇《あだ》をとったのだった。

考察

下品な話で無邪気に笑おう

ふたつの話がドッキング

現代の絵本ではずいぶん話が削られて表現が柔らかくなり、あらすじに挙げたような話になっているが、江戸時代の赤本には残酷な場面が多く出てくる。例えば、次のようなエピソードがあった。

●狸は殺した婆さんの皮をはぎ、その皮をかぶって婆さんに化けた。
●婆さんの肉で婆汁を作り、狸汁だと偽って爺さんに食わせた。
●婆汁を食べて嘆き悲しむ爺さんをあざ笑った。

第9章 かちかち山

人を殺して食べるというカニバリズムを連想する行為は、子どもにも大人にも刺激が強すぎるのだろう。このあたりの場面はすっかり姿を消してしまった。

背中に火をつけて、火傷に唐辛子を塗り込み、泥船で溺死させるといううさぎの行為もなかなかの残酷さだが、被害者が動物のためなのか、敵討ちという大義名分があるためなのか、こちらは現代でも形を残している。

ところで、この狸の性質が一貫していないと感じはしないだろうか。

狸は捕らえられて天井から吊されるが、「反省している」と婆さんを丸め込み、前述の残酷行為に及ぶ。口で騙すのみならず、皮をはぎとり、はいだ皮をかぶって化け、婆汁を作り、爺さんに食べさせて仕返しをするのだから、高い知能や多くの知識や巧みな話術を持っていることが分かる。

ところが、後半の狸を見て欲しい。「かちかち山」だの「ぼうぼう山」だのといううさぎの言葉にいとも簡単に騙されてしまう。唐辛子を薬だと思い込むわ、泥船に乗るわ、現れるのが同じうさぎだと気づかないわと、とんでもない間抜けぶり。前半と同じ狸とは思えない。

それもそのはず、前半の狡猾《こうかつ》な狸と後半の愚鈍な狸は、もともとは別の狸らしい。2匹の狸が登場する話ということではない。現在知られている「かちかち山」はふたつの昔話がつながってできたものだという説が有力なのだ。

古い話だと、狸に婆汁を食わされて嘆き悲しむ爺さんをうさぎが励まし、敵討ちを約束しておしまい。ここまでがひとつの話として完結しているものが多い。後半部分のかちかち山云々のフレーズが出てくるのは「熊と兎」という別の話で、登場するのは狸ではなく熊なのだ。うさぎという共通のキャラが出てくるふたつの話がくっついたというわけだ。

「熊と兎」でのうさぎの行動の目的は、復讐《ふくしゅう》ではなくひたすら熊をいじめることにある。攻撃の内容は「かちかち山」で知られている通りだが、火傷に唐辛子の味噌を塗りつける前に、ひとつエピソードをはさんでいる場合もある。火傷を負ってほうほうの体で山を越えてきた熊が「さっきはよくも騙したな」と怒ると、うさぎはシラを切る。

「前山のうさぎは前山のうさぎ。ここは藤山。俺は藤山のうさぎだ」

熊はこの言葉をまるっきり信用してしまう。うさぎはさらに熊を騙す。

「藤のつるで手足を縛って、山の上から転がり落ちると面白いよ」

「へえ、やってみるか」

山のてっぺんまで登ると、うさぎは熊の手足をしばりつけた。

「楽しいから早く転がってみろ」

言われるままに転がった熊は、藪《やぶ》に突っ込み木にぶちあたりながら谷底に転げ落ちた。

このあとは周知の通り、唐辛子の味噌を塗られる羽目になり、泥の船に乗せられて、溺死となる。

　他人の敵討ちを引き受けただけなら、ここまで繰り返し攻撃する必要はないように感じられる。うさぎが暴力を楽しんでいるというだけの話なら、それはそれで問題があるものの、執拗《しつよう》なまでのいじめには納得がいく。

『日本の昔ばなし（Ⅰ）』（関敬吾編）所収の「かちかち山」もこの通りで、前半部分で話が終わっている。この話のすぐあとに、山での出来事が出てくる別の話が掲載されていて、「＊いわゆる『かちかち山』の後半と『熊と兎』の前半とが重複して語られている。」と注釈がついている。

　地域で口承されてきた昔話を、大人が子どもたちに聞かせる。そこには絵本も文献もなく記憶に頼るだけだ。子どもの喜ぶ動物話を連続して話しているうちに、うさぎという共通点が接着剤のようになり、自然にふたつの話がくっついていったのかもしれない。

　しかし、シベリアには狐が主人公の似た話があり、これは最初から前半と後半がつながっている内容だ。これが日本に入ってきて「かちかち山」になったのではないかという説があることも付け加えておく。

子どもが喜ぶ要素がたっぷり

「かちかち山」は前半も後半も、子どもが喜ぶ要素でいっぱいだ。「残酷さ」と「下品さ」。そういった場面を表現するための「言葉遊び」。この3点が魅力となっている。

ひとつ目の魅力「残酷さ」は先ほども述べた通りで、前半では婆さんを杵で突き殺して皮をはぎ、婆汁を爺さんに食わせて喜ぶ。後半では狸の背中に火をつけ、火傷に唐辛子を塗り込み、泥の船で溺死させる。残酷場面が目白押しである。

子どもは怖い話が好きだ。いけないものをのぞき見るようなドキドキ感と恐怖。「かちかち山」は前半も後半も怖い場面が続き、次になにが起こるのかと引き込まれてしまう。退屈する暇を与えないのだ。

むごい場面を子どもに見せることについては賛否が分かれるところであろうが、昔話の世界から残酷性を排除する必要はないと私は考える。「かちかち山」を読んだことが原因で動物を虐待するようになったり、殺人犯になったりするとは考えにくい。

「かちかち山」のみならず、昔話は残酷表現が多い。これが原因で人間形成に問題が起きるのであれば、昔話に触れて育った日本の大人たちは皆、危険人物だということになってしまう。子どもは現実と創作の世界をきちんと分けて捉えている。過度な心配は無用であろう。

ふたつ目の魅力「下品さ」もまた秀逸だ。

岩手県に伝わる話では、婆汁の妙な味に気づいた爺さんと、婆さんに化けた狸との間にこのような会話が交わされる。

「この狸汁は変な味がするぞ」

「狸が煮られるとき苦しっ屁《ぺ》をたれたから、その味でしょう」

苦しっ屁というのは、いたちの最後っ屁のようなものだろうけれど、屁の味とはこれいかに。このやりとりも、きっと当時の子どもは気に入っていたことだろう。屁の味がついた食べ物が出てくる話など、そうそうお目にかかれない。子どもたちは屁の味を想像して、ニヤニヤと楽しんだに違いない。

青森県に伝わる話では、山中でのやりとりに別のエピソードが加わっている。空腹の対策には尻に栓をするといい、とうさぎから教わった狸。彼は尻に栓を詰めたために排便できなくて苦しみ、栓をとろうとして木に肛門をこすりつけて苦悶する。

別の話では、熊（この話では熊となっている）は漆を塗って肛門をふさぐ。腹がはって苦しんだが、「竹を切った杭《くい》を尻にどっと刺したら穴が開いて、沢山糞《ふん》が出て、ようよう腹の塩梅がよくなった」そうである。

　おならやうんこを現代の児童書で扱うことはなかなか難しいが、子どもが大喜びする下品ワードだ。近代化が進んでも排泄《はいせつ》行為はなくなったりしないが、物語からは姿を消した。排泄物は水に流してふたをして、臭いものはなかったことにしてしまう現代において、この場面の面白さを受け入れるのは難しいことかもしれない。

ラップ顔負けの攻防戦

　この話に出てくる言葉遊びは「かちかち山」だの「ぼうぼう山」だのというやりとりだけではない。現代の絵本では削除されていることが多いので、いくつか紹介してみよう。是非、声に出して読んでみて欲しい。

●畑仕事をしている爺さんをからかう狸のセリフ

「爺が畑打つぎっかんしょ
右い持ってぎっかんしょ」（佐賀県）

「爺なの右鍬《くわ》こあ、でんぐりぼ
爺なの左鍬こあ、でんぐりぼ」（岩手県）

※爺さんが鍬を使えばひっくり返る、といった意味。「こ」は接尾辞で東北地方に多い言い回し。対象物に愛着を持って呼ぶときなどに用いる。例：牛＝べこっこ、銭＝ぜにっこ

●祈りながら畑に種をまく爺さんをからかう狸（青森県）

爺「一粒あ　一粒あ　千粒になーれ
二粒あ　二粒あ　萬粒になーれ」
狸「一粒あ　一粒あ　まーまよ
二粒あ　二粒あ　まーまよ」

●爺さんの仕掛けたとりもちの上に座った狸が動けなくなる場面（岩手県）

「狸の尻ぺた　根が生えた
晩げにゃ　狸汁でもとなしだ」

※「もとなし」はもてなしの意か。

●婆汁を食べてしまった爺さんをからかう狸のセリフ

「婆な食って　うまかった
まだ奥歯さ　挟まっている」（岩手県）

「ばんばあ食ったか　ざまあみろ
流しの下の　骨を見ろ
戸棚の中の　頭あ見ろ」（山梨県）

お前らラッパーかＹＯ!?
挑発的な言葉とリズムの良さ。こんな言葉が冒頭からちりばめられているのだから、人気が出るのもうなずける。子どもは言葉遊びが大好きなのだ。

この物語はおそらくアニメ「トムとジェリー」のような楽しみ方をされていたのではないか。言われたら言い返す。やられたらやり返す。真面目に捉えると残酷な場面であるにもかかわらず、ユーモラスにテンポよく話は展開されて、受け手はそれをただ楽しむ。「うわぁ、残酷」などと眉根を寄せてしまうのは、ネタにマジレスするようなもので、センスがない。大人も子どもも、ただ楽しめばいいんだＹＯ！

「かちかち山」は、狸が背負った薪にカチカチと火をつける話。——こんなふうに覚えているだけで、内容を記憶していない読者も多いのではないだろうか。この話からは残酷さも下品さも削られてしまい、それらの場面に使われていた言葉遊びもなくなってしまった。現代の「かちかち山」は出がらしのような状態だとも言える。

カチカチと火をつけるシーンは、唯一言葉遊びが残された場面だ。面白くて当たり前、印象に残って当たり前なのだ。「かちかち山」「ぼうぼう山」のくだりがなかったとしたら、この話は今日《こんにち》まで生き残っていなかったかもしれない。

狸のかたきを討つのは誰か

これでもかというほど痛めつけられたのちに溺死する狸は、非常に気の毒だ。しかしながら、婆さんを殺して爺さんに食わせるという悪行は目に余るではないか。……かといって、狸も狸汁にされそうだったのだから、そのくらいしなければ気がおさまらないというものだろう。いやいや、自分が爺さんをからかったことがそもそもの原因じゃないか。

そんなふうに考えていくと、原因と結果が数珠つなぎになっていることに気づく。やって、やられて、被害者と加害者がぐるぐると入れ替わっていく。ひょっとすると、狸が爺さんをからかうようになったのも、それ以前に爺さんとの間になにかあったのかもしれない。

そうなると、狸が溺死して話が終わりだとは考えにくい。このあと狸の仇をとる者がいるのではないか。敵討ちに立ち上がるのは、狸を愛していた存在——親か妻か子といったところだろう。

水から引き上げられた亡骸《なきがら》を見れば、狸がどれだけ痛めつけられたのかが分かる。なぶり殺しになった身内の報復となれば、どのような残虐な行為に及ぶのか。火をつけて、火傷を弄《もてあそ》んだ上で、溺死させる以上の苦しみを相手に与えることだろう。

このあとどんな残忍酷薄な行為や、低俗で下品なセリフ、エッジの利いた言葉遊びなどが飛び出すのだろうと想像すると胸が高鳴る。しかし、彼らがどんなに面白い報復劇を見せてくれたとしても、現代の大人たちは眉をひそめて削り取り、なかったことにしてしまうのだろう。

おまけ

かちかち山〜ラップver.
「ご愁傷様death」

婆

狸死んだかいい気味だ
ざまみろ　婆皮脱ぎやがれ
うさぎにあげたい敢闘賞
狸をたおすはヒーローSHOW

狸

おれ天才　けどしっかり失敗
思わぬ展開　ともかく失態
殺されちまっちゃしょうもねえ
狸ころし　上げたか狼煙《のろし》　兎を呪う　あいつも地獄に落ちりゃいい

婆

背中焼かれて　背中ヒリヒリ　毛皮チリチリ
愉快痛快　背中カイカイ

狸

だまれ　くたばれ
もいちど作るぞ　くさい婆汁
爺も嫌がる加齢臭
変なにおい　屁のにおい

婆

失礼千万　お前が死ぬ番
婆が狸を食う番だ
狸を食うのは今晩だ

狸　シャラップ　トラップ仕掛けてやるわ
そんで婆はスクラップ
わなに落ちて　あの世へ落ちろ

婆　そりゃ残念ね　もう死んでんねん
落ちるとこなどあらへんねん

狸　結局究極　婆も狸も殺されたんdeath
つまんないです　来世にむかってスタンバイです

婆　来世で必ず食ってやる　oh yeah

第10章 食わず女房

——普通の暮らしにあこがれた山姥

第10章

食わず女房

——普通の暮らしにあこがれた山姥

あらすじ

「飯を食わない女がいたら嫁にしてもいい」という考えの男がいた。そんな男の元に、ある日美しい女が現れる。

「飯は食わないから嫁にしてくんろ」

女は食事をしないだけではなく、働き者だった。いい嫁をもらったと男は喜んだが、飯は食べないはずなのに食料の減りが早いことに気がつく。男は仕事に出かけるふりをしてこっそりと屋根裏にのぼり、女の様子をうかがった。

女は大釜でどっさりと米を炊いて握り飯を作り、大量の味噌汁をこしらえると結っていた髷《まげ》をほどいた。すると、そこに後頭部に現れたのは大きな口。女は山姥《やまんば》だったのだ。山姥は後ろの口に握り飯を投げ込み、柄杓《ひしゃく》で味噌汁を流し込んで、食事を平らげた。

男はなにも見なかったふりをして夕方帰宅し、女に別れを切り出した。

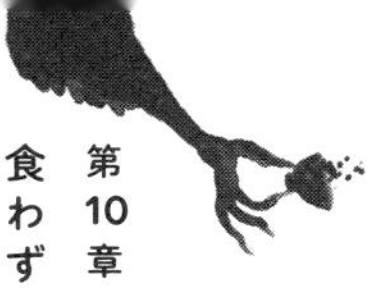

「お前はうちの女房には具合が悪い。出て行ってくれ」

「そんなら出て行くから、大きいかごをひとつ用意してくんろ」

男がかごを用意すると、女は山姥に姿を変えた。山姥は男をかごにねじ込んで頭の上にのせ、山へと向かって走り出す。男をさらって、自分の住処《すみか》へ連れて行こうとしているのだ。

山中に入ると、男はかごから腕を伸ばし木の枝にしがみついて逃げ出し、菖蒲《しょうぶ》の生えた草むらに隠れた。山姥は菖蒲が苦手なので手出しすることができず、男は難を逃れたのだった。

これがきっかけで、人々の家に魔除けとして菖蒲が飾られるようになったという。

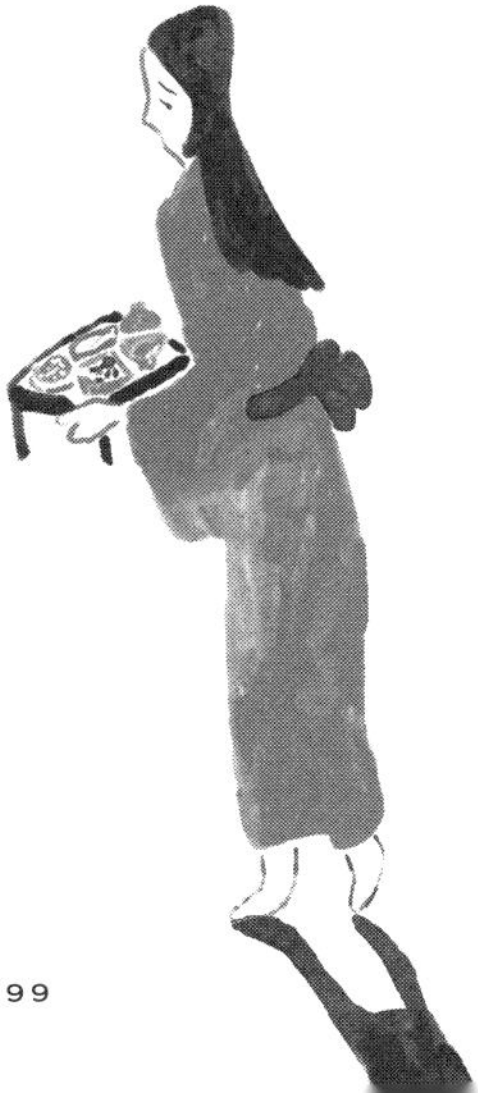

考察●

普通の人間になりたい!!

女房の謎

美女から山姥へ。食べない女から大食いの化け物へ。この対極性が大きな魅力だ。美しくて働き者の女房の秘密を暴こうとしたら、相手は山姥だったのだ。「鶴の恩返し」（137ページ）など大抵の異類婚姻譚《たん》において読者は最初から異類の秘密を知っているが、食わず女房では秘密を知るタイミングは登場人物の男と同じだ。屋根裏でのぞき見る男の驚愕《きょうがく》を、我々も同時に体験する。これにより物語の中へ引き込まれ、食われてしまうのではないかという男の恐怖は読者にも伝播し、緊迫感を与え続ける。山姥が去って話が終わると、緊迫感から解放されて読者もホッとする。「食わず女房」は、恐怖映画を観たあとのような感覚が訪れる昔話だ。

それにしても、この男のドケチぶりには呆《あき》れる。飯は食わせないが家事はやらせるだなんて、いったい何様のつもりだろう。生命を維持するためには食べ物が必要だ。生命の源を摂取しない女を望むのだったら、死神か亡霊でも嫁にすればよろしい。食べない嫁を欲したがために自分が食物にされそうになったというわけだが、いっそ食われてしまえば良かったのにと思うのは私だけではあるまい。

さて、女の正体は山姥だったが、では、この山姥の正体はなんであろうか。山姥といえば、山道に迷った人間を家に宿泊させて、客人が寝静まった頃に包丁をシャーリシャーリと研ぎ……というイメージがあるが、この女はどうも違うようだ。女の正体について、もう少し考えてみる必要がある。

また、後ろの口で食べる理由はあるのだろうか。男の在宅中に、目を盗んでさっと食べるためなら納得がいく。背後を見せずに正面ばかり向いていれば食事していてもバレずにすむ。しかし彼女が食事をするのは男の不在時なのだから、前の口から食べればいい。後ろの口に放り込むために握り飯にしなくてはならないのだし、味噌汁も柄杓ですくって後頭部に運ぶというまだるっこしさ。なぜそんな面倒なことをするのか。

さらに、ここに嫁入りした理由も謎だ。本当は大食いだというのに、飯を食わない設定で同居するのは、彼女にとって絶食覚悟の自殺行為のようなものだ。なぜそこまでして、このドケチ男と暮らしたかったのか。

山姥と二口女

頭の後ろに口のある妖怪に「二口女」がいる。次のようなエピソードを持つ妖怪だ。

ある女が、子を持つ男の後妻となった。女は先妻の子を嫌って実子だけを可愛がり、継《まま》子《こ》には食事すら与えずに餓死させてしまう。

継子の死後、四十九日目に事件が起きる。男が薪割りをしているとき、振り上げた斧《おの》が女の後頭部に当たり、頭がぱっくりと割れてしまった。女は死ななかったが、傷口が日に日に人間の口のようになっていく。

むき出しになった頭蓋骨は歯のようになり、肉は形が変わり舌のように変化。傷は激しく痛むが、食べ物を入れてやると、痛みはひいていく。やがて後頭部の傷口は、言葉を話すようになる。

「道理にはずれた考えから、先妻の子を殺してしまった……間違っていた……間違っていた」

継子の呪いであろう。

　この話はここでは終わらない。
『竹原春泉　絵本百物語　桃山人夜話《とうざんじんやわ》』には食事中の二口女の絵が描かれ、説明文には次のように記されている。

「まま子をにくみて食物をあたえずして殺しければ、継母《ままはは》の子、産まれしより首筋の上にも口ありて、食をくはんといふを髪のばし蛇となりて食物をあたへ、また何日もあたへずなどしてくるしめけるとなん。おそれつつしむべきは、まま母のそねみなり」

継子を餓死させた女が産んだ子は、産まれながらにして後頭部に口があったというのだ。この呪いは餓死した継子によるものではなく、継子の生みの親（死んだ先妻）によるものかもしれないと直感する。死んだ先妻は我が子を殺されたのだから、犯人に第二の口を作るくらいでは気が済まず、犯人の実子に苦しみを与えたのではないか。
　この呪いはどこまで続くのだろうか。先妻の霊魂が許さない限り、子孫末裔《まつえい》まで第二の口を持つ子が産まれ続けるのかもしれない。

二口女が食わず女房と同一だとしたら、夫の不在時にもかかわらずわざわざ後頭部から食事をとることに納得がいく。後ろの口に食べ物を入れないと傷が痛み出し、なにをしゃべり出すか分からないからだ。

女房の正体は山姥で、二口女は人間だから別種だという説がある。しかし、私は同一だと考える。なぜなら、山姥は最初から山姥として生まれてくるわけではないからだ。普通の人間が山姥化していくのだ。

常人が山姥となっていく過程を次に記す。

山姥化する女たち

折口信夫は『翁の発生』の「七　山姥」において次のように論じている。

「山姥は、山の神の巫女《みこ》で、うばは姥と感じますが、此は、巫女の職分から言ふ名で、小母と通じるものです。」

「其巫女の、年高く生きてゐるのが多い事実から、うばを老年の女と感じるようになったらしいのです。」

「此山神のうばとして指定せられた女は、村をはなれた山野に住まねばならなかった。人身御供の白羽の矢の話には、かうした印象もあるに違ひない。」

人身御供に選ばれた女は、山に入って山神のうばとして生きてゆく。巫女たちは長生きすることが多かったので、うばは老女だと思われるようになったというわけである。

馬場あき子は『鬼の研究』で謡曲「山姥」の内容について触れ、山姥はどこからともなく現れては去ってゆく女の化け物であり、山中にあって歳を経たものであると信じられていたことを述べている。

また馬場は『更級日記』に登場する足柄山の遊女たちが、後に山姥になったのではないかと考察している。川の畔《ほとり》に群れて暮らす遊女とは違い、彼女らは山に棲んでいた。闇の山中で自由に立ち振る舞うことのできる彼女らへのおそれが、人々の意識下にあったのだろうということだ。

熊本、大分、高知などに見られる女怪に「山女」がいる。着物姿や半裸で山中に住み、人を見つけるとげらげらと笑い、襲いかかって血を吸ったりする。出会っただけで高熱を出したり死んでしまったりすることもあるという。地域により伝承に差はあるが、正体はなんらかの事情で山に入った女だとされる。

四国には「山女郎《やまじょろう》」がいる。十二単《ひとえ》を纏《まと》っている美しい女で、人を見つけるとどこまでも追いかけてくる。こちらもやはり、山で行方不明になった女が山女郎になるとも言われている。

東北や九州などには「山姫」の伝承がある。歌がうまく、男の生き血を吸う娘だという。岡山のある村には、山姫が半裸の状態で民家の周りに現れ、蛇や蛙《かえる》を生で食べていたという話もある。この山姫の正体は、村で生まれた気の触れた娘だったということだ。

「山女」「山女郎」「山姫」と呼び名は異なるが、その性質から見て同種の女怪だと考えて良いだろう。「山姥」もまた同様である。

このように見てくると、山に追いやられたり、山で行方不明になったり、山で接客をしていたりなど、なんらかの事情があって山中で生活するようになった女たちが山姥化していったことが分かる。

二口女やその実子らは後頭部の口が露見することを恐れ、山に住処を求めた。山中にて老いた彼女らは、のちに山姥と呼ばれるようになった。二口女、もしくはその血を受け継いで二つ目の口を持つ女が、飯を食わない嫁を欲しがっている男の元に嫁入りしたのではないかと考えるのだ。

後頭部の口が暗示するもの

第二の口は、他の意味も暗示しているようだ。「毛に隠されたもうひとつの口」という表現にすれば、これがなにを表すか言うまでもないだろう。地域によっては腹や股などに食べ物をつめたり、身体の穴という穴すべてに団子を入れたという話もあり、やはりセクシャルなものを感じさせる。先に述べた「山女」「山女郎」「山姫」などの話や呼び名にも、性的な意味合いが読み取れる。

この解釈に立つと、男が欲しがっていた「食べない女」というのは「性交渉を求めない女」だと捉えることもできる。男は不能だったのか、あるいは男色家だったのか。理由は不明だが、性行為は望んでいなかったということだろう。

男の留守中に一人で食べていたのは、自慰の暗喩ともとれる。性行為に興味のない女だと思っていたのに、男が見たものは淫《みだ》らな女の姿だった。

ここにも継子と先妻の呪いを感じる。継子を殺したことによってできた後ろの口。呪いにより、その口での食事＝性行為を求め続ける運命を背負う。その結果、子を宿し、二口の子を産む。こうして女とその血脈は受け継がれ、苦しみ続けることとなる。

――呪われた子を生み続けるがいい。永遠に許しはしない。

先妻のそんな声が聞こえてくるような気がする。

男との結婚を望んだ理由

最後に残る疑問は、食欲旺盛な山姥が断食覚悟で嫁入りした理由だ。食事をさせない男をなぜ選んだのか。

彼女は最初から男を襲うつもりで嫁入りしたのではないだろう。騙《だま》して食事にありつこうと考えていたわけでもないはずだ。たんまり食べることが目的であるならば、嫁になった後にさっさと男を襲って食い、食糧庫の米や味噌を独り占めすればいい。

山姥は己にかけられた呪いを断ち切り、食べない自分（性的な意味合いでは潔癖な自分）になりたかったのではないか。欲求に溺《おぼ》れないことで、生き方を変えてゆく。もう第二の口を持つ子は産まない。そんな願いがあったのではないか。そうなると夫にするのにふさわしいのは、食べない嫁を欲しがっている男ということになる。

馬場あき子が「食わず女房」について言及している部分を引用する。

「この山母は、飯を食わないというふれこみで、じつは飯を食うために嫁いで来たのであろうか。それよりもたぶん、おそらくは人との交わりを求めて飯を食わぬという苛酷な条件に堪えて嫁いで来たのではなかろうか。頭頂に口があったという荒唐無稽な発想は、民話的ニュアンスのなかで、山母が常人との交わりの叶わぬ世界の人であることをにおわせたものであろう。むしろ山母が常人との交わりを求めるためにはたした努力のあとが語られていて哀れである」

もう一つの口は、常人との交わりが不可能である異形《いぎょう》の象徴。それでも交流を求めて努力をしたというのが馬場の見解である。

山姥は努力した。とてもよく働き、完璧に仕事をこなした。絶食も覚悟の上だったが、結局我慢しきれずに隠れて食べてしまった。明日こそ禁を守ろう。そう誓うのに、来る日も来る日も食べてしまう。呪いが原因だったとしたら、自分の意志だけでやめることは不可能だろう。

「うちの嫁には合わないから出て行け」

男に別れを切り出されて絶望し、抑えていた欲求が噴出する。

――ああ、もう終わりだ。どうせ失敗したのだから……いっそのことお前を食ってやる。

破れかぶれに、男を担いで駆けだした。

そんなところではないだろうか。


男は最後に菖蒲の中に逃げ込んだので助かったとされる。山姥が手出しできなかった理由は、菖蒲の匂いが苦手だとか、葉が刀のように見えたからだとか、触ると手が腐るからだとか、地域によって差がある。だがどの土地においても、山姥が退治されていないことは共通している。菖蒲が怖かったので去っただけであり、殺されてはいないのだ。


逃げ延びた山姥やその子孫は、今もって苦しみ続け、救いを求めて常人の夫を探し、あなたの目の前に現れるかもしれない。恐怖映画でも化け物が生き延びると、必ず続編で復活するのがお約束だ。いや、もうすでにあなたのパートナーが山姥の可能性だってある。

そんなはずはないって？

第10章 食わず女房

自分の妻は間違いなく人間だって?

なぜそんなことが言えるのだろう。

食わず女房の山姥も怖いだけの化け物ではなく、とても美しく働き者だった。膨大《ぼうだい》な米と味噌汁を飲食するが、食事が終わって髪をたばねた途端、よくできた嫁に戻るのだ。誰でも普段他人に見せている顔はほんの一部分にすぎず、その奥にどんな顔を隠しているかなど計り知れない。もう一つ口を隠し持っている可能性だってあるのだ。

おまけ・掌編小説

人生は想定外

その男は、結婚をしたいと思ったことがなかった。嫁をもらったら二人分稼がなくてはいけなくなるし、機嫌をとったり、なにかとしゃべったりするのも面倒だ。人肌が恋しいと思うこともなかったし、子どもを残したいとも思わなかった。

けれども最近、知り合いの者たちに、

「嫁っこはまだ来ねえのか」

「墓の下のおふくろさんを安心させてやれ」

などと言われることが多い。

男は余計なお世話だと思いつつも「ああ、そうだなあ」と適当な返事をしてやり過ごす。

今日はおせっかいで有名な婆さんとばったり出くわした。

「見合いはどうじゃ。ええ子がおるが」

「あ、うん、その……俺は嫁はいらん」

ふいに、男の腹が「ぐう」と鳴った。

「ははは。うまい飯作ってくれる嫁をもらえばええ。強がり言うても、誰でも腹は減るからのぅ」

はたと思いついた。

腹が減らねえやつなんていない。そうだ、飯を食わない女だ。これだ！

「俺、食わない女なら嫁にしたいが」

「なんじゃと？　そんな女いるわけがねえ」

「ならしょうがない。残念だがあきらめてくれ」

その日から、嫁のことを言われると「飯を食わない女と結婚したい」と答えるようになった。このセリフを口にすると、みんなそれ以上は言わなくなる。男は我ながらいい考えを思いついたものだと喜んだ。

男がおかしなことを言い出したと、村人の間にあっという間に広まった。

「あいつは飯を食わない女を探しているらしい」

「飯を食う女とは結婚しないんだとよ」

「そんな女いるわけねえんだから、一生独りもんってこった」

噂が広がって、男は胸をなでおろした。これでもう、所帯を持てと言われなくて済む。

しかし、今度は違う言葉を言われるようになった。

「そんなこと言うておるから結婚できねえんだべ。普通の嫁さんもらいなされ。うちのとなりに年頃の娘がいるんじゃが、気立てが良い娘でのぅ。今度連れてこようかの。普通が一番だべ」

男は頭をかかえた。想定外の展開だった。こんなはずではなかった。


その年は春だというのになかなか暖かくならなかった。男の元に美しい女が現れたのも寒い日だった。

「食事をしない女房を欲しがっているのはこちらですか？」

「そうだが？」

「では、私を嫁にしてくださいませ。食事は一切いりません」

「嘘つけ。飯を食わん人間などいるわけがなかろ」

「本当です」

「それじゃあ、あれか。飯は食わんが、金をくれというのか」

「金もいりません」

「飯も金もいらんのか。まさかそんなに俺に惚《ほ》れたのか」

女は一瞬黙ってうつむいたが、そのあと思い切ったように顔をあげた。

「そうでございます。あなたは私のさだめのお方でございます。共に暮らし、身の回りのお世話ができれば、それで嬉しう存じます」

「俺は子どももいらねえんだぞ」

「私も同じ気持ちです」

なにも求めずに身の回りの世話だけをしてくれるというのなら、悪い話ではないかもしれない。このままではおせっかいな婆さんに、嫁を押しつけられてしまう。この女でも、婆さんの連れてくるという女でも、どっちにしても結婚したくなかったが、追い詰められて思考力が低下していた。この女と結婚した方がいい、と判断してしまった。

「どうかどうかお願いします」

「そこまで言うならよろしく頼む。しっかり働いてくれよ」

飯食わぬ嫁を本当にもらうなんて、想定外の出来事だった。


女はよく働いた。水汲み、飯炊き、洗濯、掃除、裁縫、薪割りに機織り。慎み深く真面目な毎日を送っていると、女は幸せな気持ちになった。彼女は以前に結婚していたことがあったが、継子をいじめて餓死させてしまったことにより、呪いを受けていた。後頭部に口が生まれ、猛烈な食欲と性欲に突き動かされる山姥となってしまったのだ。彼女の正体は山姥だったけれども、自分は今、普通の人間として生きていると実感できた。

　例年よりも寒い春だったが、女の心だけは温かかった。頑張ればきっと、食欲と性欲に支配された呪いの人生から解放されると信じた。

　けれども、後頭部の激しい痛みと戦うのも限界が近づいていた。


　とうとうある日、女は痛みに耐えきれず、後ろの口から食事をしてしまった。一度禁を破ると、もう止めることはできなかった。男が仕事に出かけるたびに大量の飯を食った。そして、ついに食べている現場を男に見られてしまったのだった。

「おめえはうちの嫁に合わないから出て行ってくれ」

「あああ、なにもかも終わり……」

　女はさめざめと泣いた。頑張っても想定通りにはいかないものだと捨て鉢になった。

「では大きいかごをひとつ用意してくださいませ」

　男がかごを用意すると、女は山姥に姿を変えた。山姥は男をかごにねじ込むと頭にのせ、食ってやる食ってやるとつぶやきながら走り出した。

　男はかごから手を伸ばして、頭の上に伸びる木の枝をつかんで逃げ出した。山道の草む

らに姿を隠すつもりだった。そこには山姥の苦手な菖蒲やよもぎがあるはずだった。

しかし、この年はいつになく寒い春だった。草は育たず、人が身を隠すほどの背丈には伸びていなかった。

「逃げるんじゃねえ」

山姥は男の着物の襟首をつかんだ。

人生は想定通りにはいかないものだ。男は絶望した。

第11章 耳なし芳一

——天才アーティストを巡る嫉妬と愛情

第11章

耳なし芳一

——天才アーティストを巡る嫉妬と愛情

あらすじ

芳一という琵琶《びわ》法師が、下関の阿弥陀寺に住んでいた。芳一は目が不自由だったが、琵琶の腕前は天才的。幼い頃から師匠をしのぐほどの腕前で、その演奏は鬼神ですら涙を流すほどだった。

ある夏の夜、住職が不在時に女の使者が芳一の元を訪れた。

「赤間が関に逗留《とうりゅう》しているやんごとなき身の上のお方が、お前の弾き語りを望んでおられる」

手をひかれてついて行くと、大きな門がある屋敷に着き、大勢の者が芳一を出迎えた。琵琶を弾いて壇ノ浦の合戦を語ると賞賛の声やすすり泣きなどが湧き起こり、演奏会は大成功となった。

「褒美はとらせるゆえ、これから3日間弾き語りをせよ。他言は無用。また明日迎えに参

る」

芳一が出かけていたことに気づいた住職がどこに行っていたのか問いただすが、芳一はなにも話さない。その夜、出かける芳一のあとを寺男に尾行させると、寺の裏にある安徳天皇の墓前で琵琶をかき鳴らす芳一の姿があり、周りにはおびただしい数の鬼火が舞っていた。

平家の霊のしわざだと悟った住職は翌日、芳一の全身に般若心経《はんにゃしんぎょう》を書き付け、決して動いたり声を出したりしてはならぬと彼に言い聞かせた。芳一の元に使いの霊はやってきたが、経文の力により芳一の身体は見えない。しかし、耳だけ経文を書き忘れていた。亡霊はここに来た証拠として、芳一の耳を引きちぎって持ち帰った。翌朝、住職が見たものは、血を流しながら坐禅を組んでいる芳一の姿だった。

その後、芳一は名医の手当を受け、もう霊がやってくることもなくなった。この話はまたたく間に広まって、彼が琵琶の名手であることが高貴な人たちの知るところとなった。彼は有名な琵琶法師となり「耳なし芳一」と呼ばれるようになったのだった。

考察●

若き天才ミュージシャンを愛した住職の独占欲

天才琵琶法師・芳一

住職、怪しいなあ。脇の下や足の裏といった隠れている場所ならいざ知らず、耳は表に出ている部位だ。しかも芳一は坊主頭。耳は髪で隠れることなくむき出し状態だから、目につくはずなのだ。住職は芳一をどうしたかったのだろう。本当に守りたかったのだろうか。わざと耳に経文を書かなかったような気がしてならないのだが。

また、芳一は琵琶法師として真面目に生きていたはずなのに、なぜこんな仕打ちを受けなければいけないのか。彼にとっては、耳を失うことにどういう意味があったのだろう。この事件は彼の人生にどのような影響を与えたのか。

第11章 耳なし芳一

まずは住職と芳一にまつわるさまざまなことがらを解きほぐしていきたい。

「琵琶法師」とは、琵琶を演奏しながら軍記や説話を語る盲目の僧のことだ。ハンディがありながらも収入を得るために琵琶を習得し、琵琶法師として活躍した。「法師」というのは僧侶のことだが、琵琶法師の多くは仏教に帰依していたわけではない。僧衣を身につけ頭を剃っていたため法師と呼ばれたものの、正確には芸人であり、音楽家であり、語り部であったといえる。

琵琶法師は各地を旅したり、大名の屋敷を訪れたりして、弾き語りを披露していた。鎌倉時代には『平家物語』の文章に曲をつけた「平曲」が完成し、これを演奏する琵琶法師は「平家座頭」と呼ばれるようになった。仏教に属して仏教の説話を語る琵琶法師もいたが、平家座頭ほどの活躍は見られなかったという。また「平家物語」以外の軍記や説話を演じる琵琶法師もいた。

小泉八雲の「耳なし芳一のはなし」には、芳一について次のように書かれている。彼の傑出した才能がよく分かる部分なので引用する。

この男は、琵琶の弾きがたりで名を知られていた。幼時から、琵琶を教え込まれたのである。そして、まだ子供のうちから、すでに師をしのいでいた。本職の琵琶法師として彼は、おもに平家と源氏の物語をかたることで有名になった。そして、壇ノ浦の合戦の段をかたらせると、「鬼神も涙をとどめえなかった」といわれている。

いや〜、かっこいいねぇ〜。

幼少の頃から師匠を凌駕《りょうが》し、鬼神を泣かせるほどのすさまじい才能。現代で言うならば若き天才ミュージシャンである。

芳一は仏教に帰依した法師ではなく、平家座頭だった。仏教僧でもない彼が阿弥陀寺に住んでいた理由は、住職に気に入られたからだ。ここも引用する。

はじめて世に出たころ、芳一は非常に貧しかった。それでも、力になってくれるよい友を得た。阿弥陀寺の住職は、詩や音楽が好きであった。そこで住職は、しばしば芳一を寺へ招いて、琵琶をかたらせた。のちに、この少年のすばらしい腕にひどく心を動かされて住職は寺へ来て住むように申し出た。この申し出はよろこんで受け入れられた。芳一は、寺の一室をあたえられた。そして、食事と宿のお礼として、

ほかに約束のない晩には琵琶をかたって、住職をなぐさめるだけでよかった。

詩や音楽が好きだった住職は、芳一をいたく気に入った。弾き語りに呼ぶだけではあきたらず、やがて寺に住まわせるようになる。食事と宿を与えるだけで、素晴らしい演奏を独り占めできるのだ。若き天才の弾き語りに酔いしれながら、住職は宝物でも手に入れたような気持ちだったことだろう。

一方、芳一も食事と宿の心配がなくなるだけではなく、全面的に才能を認めてくれる熱狂的なファンがついたのだから、こんなに嬉しいことはなかっただろう。芸術家は自分の作品を無条件に愛してくれるファンが一人いれば、それだけで活動の原動力となる。琵琶法師デビューしたばかりで貧しい芳一。才能はあっても、まだ名は知られていない。そんな折りに詩や音楽が趣味の住職と出会ったのだ。

芳一に肉親などがいたのかどうかは書かれていないが、おそらく、居住するような家はなかったのだろう。住職と芳一は、需要と供給のバランスがとれた関係だったといえる。また「住職をなぐさめるだけでよかった」とあるが、僧侶に妻帯が許されていなかった時代だ。ひょっとしたら、肉体的に慰める役割をも担っていたのかもしれない。

平家物語と阿弥陀寺

平家物語は、源氏と平氏の長年にわたる勢力争いの物語である。一番の見せ場は、やはり終盤の壇ノ浦の合戦だ。争いが不利になり、海上に逃れた安徳天皇と平家一門は勝ち目がないことを悟る。平家の人々は敵に捕らえられる恥よりも、自ら命を絶つことを選択した。

安徳天皇は当時8歳。幼帝のため、代わりに政治を執りしきったのは祖父の平清盛だったが、幼帝であろうと平家であることには代わりはない。一族と共に滅びるときが近づいていた。船上で安徳天皇の傍らにいたのは祖母の二位殿（清盛の妻）だった。二位殿は皇位のしるしとされる神器を身につけ、安徳天皇を抱きあげた。安徳天皇は二位殿に聞く。

「私をどこに連れて行くのか」

「汚らわしいこの世を捨てて、極楽浄土へお連れするのです。お念仏をなさいませ」

二位殿は涙をはらはらとこぼし、運命と感じ取った幼帝も目に涙をいっぱいためながら、小さな手を合わせた。

「波の下にも都がありますぞ」

第11章 耳なし芳一

二位殿は安徳天皇を胸に抱いて壇ノ浦に身を投じ、海底深く沈んでいった。残る一門も、錨《いかり》や重しを持ったり複数の鎧《よろい》を身につけたりして、次々と海へと飛び込んだ。死にきれなかった者は捕らえられ打ち首となり、平家は滅亡したのだった。

８歳の子どもが背負った重い運命。一族のプライドをかけて命を捨てる武士や女たち。平家びいきでなくとも、胸が熱くなる。

このような激しい合戦の後、壇ノ浦近辺は７００年もの間平家の怨霊にたたられていて、霊や怪奇現象が頻出していた。そのため、鎮魂として建てられたのが阿弥陀寺だったことが「耳なし芳一のはなし」の冒頭には書かれている。

奇しくもそんな寺に、壇ノ浦の合戦を語らせたら鬼神を泣かせるほどの天才がやってきたのだ。平家の霊たちは狂喜したに違いない。霊たちはすぐにでも安徳天皇の墓前で演奏させたかったが住職がいるためにそれができず、芳一が留守番する日を待ちわびた。

霊たちはとうとう芳一との接触に成功し、その弾き語りに感動。こうなれば、もう芳一を手放すはずがない。最終的には芳一をあの世に連れて行き、永遠に弾き語りをさせるつもりだったのだろう。

死一等を減じられて、芳一は耳を失った

芳一が耳を失った理由は、そこに経文が書かれていなかったからであり、霊が引きちぎったからであるが、なぜ耳でなくてはいけなかったのか。耳がなくなるということに込められた意味はなんなのか。

現代社会では耳を削《そ》いだ人を見ることはまずないが、中世日本では犯罪者への刑罰として「耳鼻削ぎ」がおこなわれていた。本来ならば死罪となるような罪人であっても、犯人が女だと刑罰が軽減されて耳鼻削ぎとなった。

清水克行は『耳鼻削ぎの日本史』において、その時代には「女性の殺害を忌避し、女性の刑罰は軽減されるべきだという通念」があったとし、耳鼻削ぎは残酷な刑罰ではなく「本来なら殺害してもいい者たちの罪を許す温情的な処罰だった」と述べている。

また、女性以外でも耳鼻削ぎの刑になる者がいた。僧侶と乞食である。中世では僧侶や乞食は聖なる存在とみなされていて崇拝の対象だったため、死罪を免れて耳鼻削ぎの刑になることがあったという。

現代では乞食は崇拝されない。しかし当時は、乞食は生活に窮した者が陥る境遇だという認識はあるものの、その一方で神仏の化身であるという考えもあった。たしかに、仏や菩薩が貧しい者に姿を変えて人々を試すという仏教説話もあるし、仏門には「乞食行《こつじき》」という修行もある。

清水は、耳や鼻を削がれた人間の外見的特徴から「耳鼻削ぎには実際に非人への身分転落の意味がともなっていたことにもなろう」と考察。また、女性や僧侶が耳鼻削ぎにされた要因を次のようにまとめている。

①女性や僧侶を殺害することを忌む通念が前提にある。そのうえで、②耳や鼻はその者の人格を象徴する部位であり、それを失うことはかぎりなく〝死〟に等しいことであるという考えにもとづき③死一等を減じた者に対する宥免《ゆうめん》措置は耳鼻削ぎがふさわしいという判断がなされ、結果的に女性や僧侶には耳鼻削ぎが科せられたのである。

芳一は平家座頭とはいえ頭を丸めた法師、僧侶である。また、ここに来るまでの彼はおそらく住居がなかったほど貧しかったわけで、乞食的だったともいえる。さらに、住職を肉体的にも慰めていたとしたならば、女性という役割にも当てはまっていたことになる。死刑を免れるためには、女性・僧侶・乞食という、いずれかに該当していればよかったわけだが、芳一はすべてに当てはまる存在だったといえるのだ。

経文の魔除けによって拒絶された平家の霊は、芳一を殺したいほど憎んだ。しかし手出しできなかったため、死一等を減じて耳をもいだ。耳削ぎの刑罰なのだから、他の部位ではいけない。耳だからこそ意味があったのだ。

嫉妬と独占欲による住職の行動

さて、住職の本音である。

芳一は使いの霊と初めて接触したとき、話す内容や屋敷の大きさなどから、相手は一流の大名だろうと予想した。褒美も取らせると言われ、立派な屋敷に集う人々の数も多く、弾き語りを披露すれば「なんという素晴らしい琵琶法師であろう！」「国許では、こんな琵琶は聞いたことがない！」「日本ひろしといえども、芳一ほどのうたい手はまたとあるまい！」と賞賛の嵐。

芳一少年、そりゃあ、舞い上がるよね。これまで演奏していた阿弥陀寺は、たとえるな

らば客が一人の小さなライブハウス。それでも不満はなかったけれども、ある日幸運が降ってくる。ここでやってくれと連れてこられた場所は、満員の武道館だった！　……という感じですな。

芳一が夜こっそりと外出していたことは、住職を怒らせるには十分だった。貧しい彼を囲って日々の糧を与えていたというのに、隠れてふらふらと出歩くようになったのだ。

――わし専属の琵琶法師だったはずなのに。目にものを見せてくれよう。

住職の心は嫉妬と怒りで燃え、独占欲が支配し始める。相手が霊でも恐れることはない。こちらは除霊のプロなのだから。

住職の注目すべき行動や言動がいくつかある。

①霊にとりつかれている芳一を置いて、住職は寺を空けた

芳一の身体に経文を書き付けて住職は法事に出かけたのだが、平常時ならともかく、霊にとりつかれて命も危ないと思われるときだ。しかも芳一はまだ少年。こんなときになぜ置いていくのだ。芳一も坊主頭なのだし、小坊主として法事にお供させればいいだろう。霊退治は日をずらして、住職監視のもとに行った方が安全確実だ。

②寺に戻って血だらけの芳一を見たとき、住職は不自然なまでに冷静

坐禅の姿勢のまま血を流す芳一を見た住職は「かわいそうに、芳一！」と声を上げたあと「これはどうした？　……怪我をしたのか……」と言葉を続けている。

想像してみて欲しい。帰宅したとき、家の中で身内が血を流して倒れている。このときの第一声が「かわいそうに」だろうか。「ど、どうした!?　大丈夫か!?」まず口をつくのはこんなセリフなのではなかろうか。

そのあと「怪我をしたのか」などと、見たら分かるようなことを静かに聞くことにも、わざとらしさを感じる。芳一がこうなっていることを予想していたからこそ、出た言葉ではないのか。

③住職は芳一に恩を売った

芳一にとっては、恐怖の時間が去ったあと住職が帰ってきた。そのときの芳一の様子は次のように書かれている。

……住職の声に、盲人は安堵した。いきなりわっと泣きだし、涙ながらに、その夜の出

……来事を語った。

大人でももちろん恐ろしいが、芳一は少年である。どんなに怖かったことか。そして住職が帰ってきたときは、それこそ神仏が救ってくれたかのような感覚になったことだろう。これで芳一は住職への恩を一生忘れることはないのだ。芳一は隠し事をしなくなり、住職の思い通りになることだろう。これも住職の計算通りだったと考える。

③芳一はその後も阿弥陀寺を拠点にしたままだった

この噂は広まって彼は有名になり、高貴な人々が弾き語りを聴きに赤間が関を訪れるようになったという。琵琶法師は通常あちこちを訪れて弾き語りをする。しかし彼は赤間が関を出ずに、阿弥陀寺に高貴な人々を迎え入れて演奏活動を続けたのだ。

芳一は霊を避けるために阿弥陀寺から出なかったのだろうか。いや、そうではあるまい。住職は血だらけの芳一に「もう危険は去ったぞ。二度と、あんなやつらが来ることはないぞ」とも言っている。もう霊は退治したと住職自ら言っているのだ。

ならば、阿弥陀寺から出ない理由はただひとつ。住職は常に目の届くところに芳一を置いておきたかった。平家の霊だったから退治もできたが、生きている大名が芳一を気に入ったとしたら勝ち目はない。芳一が名声を得て自分の手を放れてしまうことを恐れて、今後の外出禁止を命じたのだろう。

すべて住職の計算通りである。住職はわざと耳に経文を書かなかったのだ。やんごとなき人に招かれて舞い上がっている芳一にお灸《きゅう》をすえるために。芳一を守ることができるのは自分だけだと見せつけるために。そして、永遠に芳一を独占するために。

おまけ・直撃インタビュー

本音を聞かせて！

G・ムカシノ　皆様こんにちは。わたくし、昔話の謎解きに挑むインタビュアー、G・ムカシノと申します。本日は「耳なし芳一」に登場する若き天才琵琶法師、芳一さんに話をうかがいたいと思います。芳一さんは鬼神の心を動かすほどの演奏をなさるそうですが、そんな素晴らしい演奏をどこで身につけたのでしょうか。

芳一　先輩の琵琶法師に教えてもらったんだ。あとは自己練習だよ。

G・ムカシノ　当時の多くの琵琶法師は「当道座」と呼ばれる職能集団に属していたと聞きます。身体が不自由で生活費を稼ぐのが大変な人たちが、芸術の技を身につける団体だったそうですが、芳一さんはここには属していなかったのですか？

芳一　入ってたら、もっと生活は楽だったかも。

G・ムカシノ　なるほど、芳一さんはフリーランスのクリエイターってところですね。いやあ、かっこいいなあ。琵琶の才能に気づいたのはいつ頃ですか？

芳一　琵琶をいじり始めてすぐかなあ。習った通りに弦をはじいていただけなのに、手が勝手に動くようになっていったよ。いつの間にか、全国行脚できるような琵琶法師になることがぼくの夢になったな。

G・ムカシノ　全国ツアー、素敵ですね。各地のファンに弾き語りを聴かせたかったのに、今回演奏を聴いてもらったのは平家の霊でした。その真実を知ったとき、どのようなお気持ちでしたか。

芳一　最初はガッカリしちゃったよ。だって、大名に認められて、これから活躍の場が広がっていくと期待してたんだから。噂が広がって、全国の大名が指名してくれるようになったらぼくの夢がかなうってわけだからね。ガッカリしたけど、命が危なかったんだって知って怖くなったよ。

G・ムカシノ 経文を書かれて一人で寺に残されたときはどんなお気持ちでしたか。

芳一 全身にお経を書いたから大丈夫だっていう住職の言葉を信じてた。息を殺して、身動きしないように静かに座ってると、迎えが来た。そりゃあ怖かったけど、霊はぼくのことが見えないって分かったから安心したよ。もう少し静かにしていれば帰っていくだろうと思ってた。そしたら、耳をつかまれて、そのあと激痛が走った。けど、声を出してはいけない。歯を食いしばって痛みに耐えた。痛くて痛くて、霊が帰って行ったことにも気づかなかった。住職が戻ってきたから一気に緊張が解けて、大泣きしてしまった。怖かった、痛かった……。

G・ムカシノ 大変でしたね。才能があるからこそ霊に気に入られて耳を失う結果となったわけですが、これについてはどうお考えですか。

芳一 『平家物語』の弾き語りを平家の霊に認められたんだから、こんなにすごいことはないと思ってる。だからと言って殺されたり耳を失ったりはしたくないけどね。耳は音を聞くためのものだから、それをもがれるというのは音楽家にとって致命傷だよ。もちろん、それで聞こえなくなるわけじゃないけど、聴覚の象徴を失うわけだから、琵琶法師のぼくにとって意味は大きい。

G・ムカシノ 音楽家としての生命を絶たれるようなものだと?

芳一 そう。腕のいい医者が治療にあたってくれたから傷は治ったけどね。でも、耳の形が完全に戻ったわけじゃない。耳の形と同じように、ぼくの夢もちょっとゆがんだものになってしまったなと思ってる。

G・ムカシノ というと?

芳一 この事件で住職に大きな恩ができて、一生離れることができなくなってしまった。いくら評判が遠くまで届いても、いつも舞台は阿弥陀寺さ。どれだけ才能があってもここから出ることができないんだから、ぼくの夢は断たれてしまったってわけだよ。こんなザマじゃ、違う意味で鬼神が泣くよ。

G・ムカシノ　では、これを仕組んだかもしれない住職を憎んでいるのでしょうか。

芳一　憎んではいないけど、以前のように信頼してもいないな。なんだか飼われてるような感覚が強くなっちゃって。

G・ムカシノ　でも、霊に殺されずに済んでなによりですよ。住職も歳だからそのうちいなくなるし、そのあと全国に羽ばたいてもいいじゃないですか。

芳一　飼われてるなんてダサいけど、今は仕方ないか。

G・ムカシノ　あなたの才能と名声は、21世紀の日本にも届いているんですよ。決して阿弥陀寺の中に閉じ込められてるわけじゃないです。安心してください。

芳一　それは悪くはないね。

G・ムカシノ　本日は「耳なし芳一」の主人公、天才琵琶法師の芳一さんにお話をうかがいました。貴重なお話をありがとうございました。

第12章 桃太郎

——次世代ヒーローの条件

第12章

桃太郎

——次世代ヒーローの条件

あらすじ

婆さんが川へ洗濯に行ったとき、どんぶらこどんぶらこと川上から大きな桃が流れてきた。

桃を持ち帰って切ってみると、中から出てきたのは元気な男の子だった。男の子は桃から生まれたために桃太郎と名づけられ、すくすくと育った。茶碗一杯食べれば一杯分、二杯食べれば二杯分大きくなり、力自慢の立派な青年になった。ある日のこと、桃太郎は言い出した。

「おらは鬼ヶ島へ鬼退治に行きてえ。お婆さん、日本一のきび団子を作ってくだせえ」

婆さんはきび団子を作り、桃太郎に袴《はかま》を着せて鉢巻きをしめさせ、仕上げに「日本一の桃太郎」と書いたのぼりを持たせた。桃太郎は刀を差すときび団子を腰から下げて、鬼ヶ島へと旅立った。

第12章 桃太郎

村を出る頃、犬が声をかけた。

「桃太郎さん。日本一のきび団子をひとつもらえませんか」

「鬼ヶ島に鬼の征伐に行くんだが、仲間になるなら食わせてやろう」

桃太郎は犬にきび団子を与え、犬は家来になった。少し行くと雉《きじ》と出会った。雉もまたきび団子と引き替えに家来となった。そのあと猿がやってきてきび団子を欲しがり、猿もまた家来となった。

鬼ヶ島につくと、鬼たちは酒盛りの真っ最中だった。桃太郎は刀を抜いて切りかかり、お供の動物たちも加勢した。鬼たちは集団で桃太郎に対抗するも、桃太郎軍は日本一のきび団子の効果により何千人力。襲いかかってくる鬼を次々と倒し、桃太郎軍は大勝利をおさめた。

「これからは悪いことはしないから許してくれ。宝物は全部やるから」

桃太郎は宝を持って帰還。桃太郎と爺さんと婆さんは一生豊かに暮らすことができたのだった。

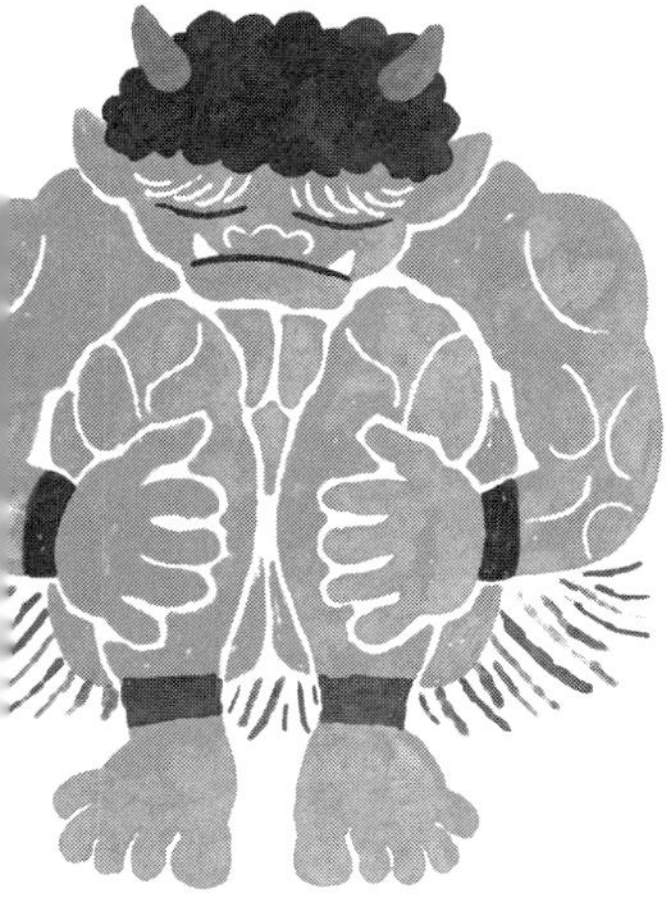

考察

名実ともに「日本一」を目指せ

時代と共に七変化

日本を代表する昔話をひとつ挙げるなら、この「桃太郎」だろう。戦前には教科書に載っていた昔話で、童謡にもなり絵本にもなり、多くの文学者がパロディやオマージュ作品を書き、現代では動画やアプリにもなり、キャラクターが企業のＣＭに登場したりもする。どの世代の者であっても、日本人ならばなんらかの形で触れたことのある物語であり、主人公は知名度ナンバーワンのヒーローだ。

彼は「日本一の桃太郎」というキャッチフレーズと共に旅をする。婆さんが用意した旗だとはいえ、まだ戦ってもいないのに「日本一」だと言っている。中二病というやつか？

とも思うが、高みを見つめる人間だという捉え方もできる。まだ「日本一」にはなっていないけれど、いずれなりたいと思っている。それが彼の目標というわけだ。そんな大人物であるにもかかわらず、財宝を手に入れてめでたしめでたし、でいいのだろうか。

「桃太郎」は時代のニーズに合わせて内容を大きく変えてきた物語だ。昔の「桃太郎」を紹介するとともに、現代における理想の桃太郎像についても考えていきたい。

彼はどこからやってきたのか

「桃太郎」の魅力的な場面のひとつに、桃が川上から「どんぶらこどんぶらこ」と流れてくるシーンがある。重くて強い音、どんぶらこどんぶらこ。この桃は強力な生命を秘めていることを予感させる。しかし、桃太郎はこの桃から産まれてくるとは限らない。

現代の「桃太郎」は果実から誕生する話なので「果生型」と呼ばれている。時代をさかのぼり、江戸や明治には桃を食べた老夫婦が若返って子作りに励むという「回春型」があり、産婆がとりあげた桃太郎を産湯に入れている絵まで赤本に残されているのだ。この回春型が「桃太郎」の原型だとする説もある。

桃は形がエロティックで回春に効きそうだが、漢方的にも説明がつく。漢方では、桃の種を割ると出てくる「桃仁《とうにん》」に婦人病を緩和させる効果があるとされる。月経不順など、女性の血の道に関する症状に効くそうだ。また、葉には肌を美しくする効能が期待できるという。このような効果により老夫婦は若返り、婆さんも子を宿したのかもしれない。

回春で子宝（桃太郎）を得て、その子宝が財宝を持って来る。色事で子孫と財産を獲得するというこの設定は、江戸の人々が夢見た生き方だったのだろう。

そもそも昔話は口承文芸で、子どもの娯楽としてだけ生まれたものではなく、大人が楽しむためのものでもあった。夜伽《よとぎ》ならば色話が出てくるのは当然のこと。その中で子どもが喜びそうな話が選ばれて、エログロなど不適切な部分は削除されたり書き換えられたりした結果が童話なのだから、回春型がいつまでも形をとどめているわけはないのだ。

しかしながら、柳田國男によると回春型も近代の改変だという。柳田は、桃から生まれた小さな男の子が急速に大きくなって鬼退治をするということが大切だと主張。「体の小さな人物が福をもたらす」という日本の「小さ子信仰」が、この昔話の骨子だと論じていることを付け加えておく。

明治に入ると日清戦争や日露戦争が起こり、昭和16年には太平洋戦争が始まった。なんとも物騒な時代である。昭和13年には「児童読物改善に関する指導要綱」が内務省から出

され、児童書の世界にも言論と思想を統制する動きが出てきた。このときに赤本は取り締まられたが、のちに軍国主義にのっとった内容に改変されて児童文学は復活した。

この時代の桃太郎は軍服を着ていたり、お供の動物が日章旗を持っていたりする。鬼は西洋人のような顔つきで、空中部隊やら鬼ヶ島艦隊やらが登場。「大和のために戦う」「お前たちは日本の大忠信だ」「悪魔国の征伐だ」などの表現が頻出し、そこで繰り広げられているのは鬼征伐ではなく戦争そのものである。こういった内容の「桃太郎」が教科書に載る時代だったのだ。思想の統制があった結果なので、これに関しては人々の求めていたヒーロー像とは言えないが、時代を反映した内容ではある。

戦争が終わると軍国主義の「桃太郎」は検閲を受けるようになり、教科書から姿を消し、鬼退治の場面が削除されるなどの改変があった。やがて戦後の空気がやわらいでゆき、昭和40年代に入ると本書のあらすじに記したような現代版の「桃太郎」が出版されるようになった。以上が時代につれて変遷してきた「桃太郎」の内容である。

桃太郎の人物像

桃太郎の年齢は書籍によってまちまちだが、大体8歳~15歳くらいだとされる。彼は村の人々のために鬼退治に出かけ、爺さん婆さんにお宝を持ち帰るのだから孝行息子なのかと思いきや、古いものを見ていくとそうとばかりは言い切れない。
『日本昔話集成　第二部本格昔話1』（関敬吾著）には、全国に古くから伝わっているさまざまな桃太郎が収録されている。この中に彼が怠け者だったエピソードが記されている。

「友達と柴《しば》刈りに行くが寝ていて働かない。帰りに大木を引抜いて背負って帰る」（島根県安芸郡）

「仲間と柴伐りに行くが昼寝をしている。帰りに大木を引き抜いて帰る。大きいために家が崩れ爺婆は下敷きになって死ぬ。家の中にたらいを発見し鬼ヶ島に渡る。鬼が相撲をとっているところに行き、鬼を海中に投じ宝物をとって帰る」（島根県）

さらに、関敬吾編集の『日本昔話大成3』にはこのような「桃太郎」が載っている。

「桃太郎は遊んでばかりいる。爺は桃太郎に仕事をしろという。桃太郎は山へ行くが、木や柴の切り方を知らない。株になるような木を根元から引き抜いてかついで帰る。家に着き、木を家にたてかけると、家がつぶれて、爺はめしぞうげに、婆は雑炊鍋

に首を突っ込んで死ぬ」（徳島県）

主人公が育ての親を殺してしまう物語を一体どう捉えたらいいのだろう。

河合隼雄は『おはなしの知恵』において、古来桃には悪霊を防ぐ呪力があると考えられていたことを述べ、桃から生まれた桃太郎は「神の子」だと捉えることも可能だと論じた。

その上で、怠け者で怪力の桃太郎について次のように述べている。

「これはうっかり『神の子』などを産むと大変なことになると端的に示している」

「桃太郎は怪力なのだが、その力が災いのもとになり、鬼退治ではなく、おじいさん、おばあさんを殺してしまう」

「人間の浅はかなはからいで『よい子』にされてしまうと、神の子の力は破壊力としてしか作用しなくなる」

石井正己は『桃太郎はニートだった！』において、仕事をせずにダラダラしている桃太郎の伝承例を挙げ、「『元祖ヒーロー』の桃太郎は、中世のものくさ太郎の系譜を受け継いだ『元祖ニート』でもあったのです」と述べている。

桃太郎は怪力で親を殺したニート。こう言ってしまうとただのクズだ。しかし、河合の論ずるように桃太郎が神の子ならば、持てる力をうまく扱いきれずに自分や周りを傷つけてしまうこともあるのかもしれない。

育ての親も神ならば子に神としての特別な教育を施すことも可能だが、親はただの爺さんと婆さんである。茶碗一杯食べたら一杯分、十杯食べたら十杯分大きくなる子を、ひたすらニコニコと大切に育てることしかできなかったのだろう。年老いてから授かった大事な大事な子だし、そこは仕方ない。

神の子だとしたら人間の世界のルールなど通用しないだろうし、常識などを教育されてもバカバカしかったことだろう。働けと言われてもそんな気も起きず、第一、なんのために労働が必要なのか分からない。かといって、神の子だという自覚もない。自分の中に渦巻く強大な力を感じるのみ。

みんな気づいてないだろうけど、ホントは俺すごいんだぜ。

柴刈りなんてしたくない。好きなことしかしたくない。

あしたから本気出す。

そんなことを思いつつ、思うだけでなにもせず、ひたすらダラダラ過ごしていたのかもしれない。

……って、やっぱり中二病のニートか？

そんな桃太郎も、とうとう使命に目覚めるときが来る。しぶしぶ山へ行ってたまたま大木を引き抜いたことで、彼は自身の怪力に気づく。そうして鬼退治を思いつくのである。出来の悪かった者がヒーローへ。そのギャップが大きければ大きいほど、物語としてはドラマティックで魅力的なものとなる。出来の悪い桃太郎は現代の絵本には残っていないが、このだらしない姿を見せてやった方が子どもたちにも若者にも夢を与えることができるのかもしれない。

鬼ヶ島の風景

鬼退治の使命に目覚めた桃太郎。しかし、敵としてロック・オンされた鬼は、実は特に悪いことはしていない。現代の「桃太郎」では、鬼が村人に迷惑をかけていたという設定が圧倒的に多いが、この設定になったのは明治に出版された巌谷《いわや》小波《さざなみ》著の『桃太郎』以降だ。これより古くなると、鬼の悪事について書かれているものはない。

先に挙げた島根県の話でも「鬼が相撲をとっているところに行き、鬼を海中に投じ宝物をとって帰る」とあるが、無邪気に遊んでいたら海に投げ飛ばされて宝物を盗まれるとは、鬼からしてみたら災難と言うほかない。

『日本昔話集成　第二部本格昔話1』に掲載されている各地の伝承を見ても、鬼の悪行に言及しているものはほとんど見あたらない。琉球の話で、島民を全部鬼が食ってしまったという一例が見つかるのみだ。

それ以前に、鬼とはそんなに悪いやつなのか。本書で取り上げた「こぶとり爺さん」に出てくる鬼も、気のいいやつらだ。秋田県のなまはげも鬼の一種だが、彼らも悪い子を取り締まるわけだから、どちらかといえば正義派だろう。

しかし、大江山に住み着いて人を食っていた酒呑童子《しゅてんどうじ》も鬼だし、生前の悪行により餓鬼道に落ちた亡者は餓鬼という鬼になる。酒屋に忍び込んで大酒を飲むが十倍の礼を返すという三吉鬼《さんきちおに》もいる。般若《はんにゃ》も山姥《やまんば》も鬼と呼ばれるのだし、百鬼夜行《やぎょう》で行列をなしているのはさまざまな妖怪だが「百鬼」とひとまとめにされる。あれも鬼、これも鬼なのだ。

要は、鬼というのは一種を指すのではない。「邪悪なもの」「外見が恐ろしいもの」「病などの原因をなすもの」「桁《けた》外れに強いもの」「怨霊や生き霊」等々、人間の手に負えない未知のものをひっくるめて「鬼」と呼ぶのだ。

第12章 桃太郎

鬼ヶ島の鬼はどんな種類の鬼だったのか分からないが、特に悪さはしていなかったようだ。鬼というだけで忌み嫌われ恐れられ、退治の対象となってしまったのだろう。

現代版では、鬼が自ら宝物を桃太郎に差し出して許しを請うが、古い話だと桃太郎が鬼ヶ島で暴れまくって宝を略奪する。そのため、桃太郎は略奪者や侵略者だとする説がある。確かに侵略や略奪をしているが、だからといって悪者だと断定するのは早計だ。

例えば戦国時代には、戦いに勝利すれば相手の領地が手に入った。相手が悪だから討つのではない。自分の勢力を強めるためだ。そこには悪も善もない。ただ、勝つために自分のために戦うのだ。

桃太郎の場合はだらだらとニート暮らしをしていたが、ある日、山中で自分に秘められた怪力を知る。桃太郎はこのとき、大木を何本も引き抜いて自分の力を確認したことだろう。どんな大木も難なく抜けた桃太郎は、さらに力試しをしたくなった。

――強い者と戦いたい。どこかにふさわしい相手はいないものか。

そこで鬼退治を思いついたのではないか。鬼が悪いからではない。ただ勝つために、自分の可能性を確かめるために戦いを挑んだのだ。彼の持つ旗の通り「日本一の桃太郎」になるために。いわば天下統一みたいなものである。

理想のヒーローであれ

鬼から奪った宝物の内容は、江戸の赤本だと「隠れ蓑《みの》」「隠れ笠」「打ち出の小槌《こづち》」だったとされる。金銀財宝ではないのだが、打ち出の小槌があれば何でも出せるのだから金銀財宝を得たのと同じことだ。「一寸法師」では、打ち出の小槌を使って身長を伸ばす描写がある。身長を伸ばすという肉体改造もできるのだから、人類の永遠のテーマとでも言うべき不老不死の肉体になることも可能なのかもしれない。

隠れ蓑と隠れ笠は、要は透明人間セットだ。透明人間になれるものを手に入れて、清廉潔白の人生を歩めるものだろうか。善行にこれを使う人がどれだけいるのだろうか。

「金も出せるし不老不死にもなれる小槌」と「透明人間セット」を手に入れたニートは、今後どんなふうに生きていくのだろう。この宝を悪用せずに生きていくことができるだろうか。これらは人をダメにする宝なのではないか。

ただでさえ怪力の彼がこんなものを手に入れたら、怖いものなしだ。あちこちで財宝を

第12章 桃太郎

持ち帰るのが癖になってしまうかもしれない。そうなったら「日本一の桃太郎」どころか、彼自身が「鬼」と呼ばれることだろう。

現代の「桃太郎」では鬼が人々に迷惑をかけていたとされているのだし、持ち帰るのは不思議な道具ではなく、普通の財宝なのだからいいではないかと思われるだろうか。いやいや、それでもやはり不満が残るのだ。

現代の設定通り、鬼が人里を襲って金品を奪っていたのだとしたら、鬼ヶ島にある宝はもともと人々のものだったということになる。その金を手に入れて「爺さん婆さんと一生幸せに暮らしました」とはいかがなものか。強くて正しい「日本一」を名乗るのならば、金は人々に返してやるべきだ。それができないならやはり彼自身が「鬼」だ。

また、お供の犬、雉、猿は鬼相手に小さな身体で奮闘しただろうに、お宝を分けてやったという話も聞かない。褒美は最初のきび団子だけで、現地解散だったのだろうか。だとしたら、やはり「鬼」だ。

怪力自慢で力を持て余すような青年ならば、きっともっともっと高みに行けるはず。鬼ヶ島を制覇しただけなのに日本一を名乗っていたら、現代社会ではたたかれるよ。ヒーローの地位もあぶないよ。もっと夢を追いかけてよ。

まずは全国を行脚しよう。話はそれからだ。人々を苦しめる悪と戦いながら旅を続ければ、心身ともに強靭《きょうじん》になる。動物たちへのねぎらいを忘れなければ、お供もきっと増えて巨大な勢力となる。そうしてようやく名実ともに「日本一の桃太郎」となることができるのではないか。

そんな次世代桃太郎に出会う日が来ることを心待ちにしている私なのだ。

おまけ・掌編小説

桃太郎の出発

むかしむかしあるところに、桃から生まれた桃太郎という男の子がいました。桃太郎は小さい頃から力が強く、力比べで負けたことがありません。大人を相手に相撲をとっても、簡単に投げ飛ばしてしまいます。

「日本一に俺はなる！」

どこかで聞いたようなセリフが桃太郎の口癖でした。


桃太郎がちょうど10歳になった日のこと。

「そうだ。鬼ヶ島へ行こう」

どこかで聞いたようなコピーが頭に浮かびました。

桃太郎の住む村は何度も鬼に襲われ、金や食料を奪われて困っている人がたくさんいたのです。

「鬼が相手ならおらも遠慮なく暴れ回ることができるし、人助けにもなる。なんていい考えなんだ」

お爺さんとお婆さんにこれを話すと、ふたりとも大賛成してくれました。お爺さんは誇らしげです。

「さすがうちの子。村にくすぶってないでてっぺんを目指せ。まあ、うちにいても怪力でなにかと壊すだけだしのぅ」

「力の出るきび団子じゃ。これを食ったら百人力」

お婆さんはきび団子を作りました。

こんなものを食って戦ったんじゃ反則じゃないか。生身の身体で戦ってこそ日本一だと名乗れるわけで……むむ。

そんなことを考えましたが、お婆さんの愛を拒否するわけにはいきません。桃太郎はきび団子と刀を腰につけ、お婆さんの自筆で「日本一の桃太郎」と書かれた旗を持って家を出発したのでした。この旗も少し恥ずかしい気がしましたが、愛ですから仕方ありません。

「もしもし。おいしそうなきび団子ですね。ひとつ分けてくださいませんか」

声をかけてきたのは犬だった。

「今から鬼ヶ島に鬼退治に行くんじゃ。仲間になるならひとつやるよ」

犬が仲間になりました。そのあと、雉も仲間になりました。猿は少し頭がいいので「その旗は本当か？　お前は日本一なのか？」と確認します。桃太郎は言ったもん勝ちだと思いながら答えました。

「そうじゃ。日本一の桃太郎とはおらのことじゃ」

「それはかっこいいな」

猿も仲間になりました。

雉が空から案内をしてくれたので、迷わずに海を進んでいくことができました。そうして桃太郎軍は無事に鬼ヶ島に到着。なれない船旅で疲れましたが、ここは敵の陣地です。休む場所などありません。みんなはきび団子を食べました。

桃太郎はありったけの声で言います。

「おらは日本一の桃太郎！　貴様ら鬼を征伐にきた。覚悟いたせ！」

鬼たちは宴会の真っ最中でしたが、すわ一大事と集まってきました。

鬼軍は一斉に桃太郎軍に襲いかかります。桃太郎は鬼をまとめてわっさわっさと投げ飛ばします。犬はかみつき、猿は引っかき、雉は空から攻撃です。鬼は酔っぱらっているし、桃太郎たちはきび団子でパワーアップしています。この勝負、桃太郎軍の大勝利となりました。

「日本一の桃太郎！」

桃太郎は腕を高く掲げ、勝利の雄叫《おたけ》びをあげました。

鬼たちは島にあった宝を全部桃太郎に差し出します。

「これでひとつお許しを」

桃太郎は宝を受け取り、その中から金の首飾りを犬に、金の王冠を雉に、金の羽織を猿に与えました。きび団子を食べていたとはいえ3匹とも傷だらけでしたが、金の宝を身につけると誇らしげな笑顔を見せました。


桃太郎が鬼ヶ島を出発しようとすると、一匹の子鬼が声をかけました。

「桃太郎さん、ぼくも日本一の仲間になりたいです。ついて行ってはいけませんか」

子鬼が仲間になりました。

桃太郎はたくさんの財宝を村に持ち帰り、村人たちに分け与えました。みんなとても嬉しそうです。

村人のひとりが言いました。

「桃太郎さん、東の山に住む鬼が人里で迷惑をかけているようなんじゃが、なんとかして

もらえんか」

桃太郎が仲間を見ると、みんな静かにうなずきます。桃太郎も力を込めてうなずき返します。

「日本一の桃太郎！　次の鬼退治に出発だ！」

桃太郎は日本一の旗を高く掲げました。

あとがき

日本昔話よ永遠なれ

日本の代表的な5つの昔話は一般的に「日本5大昔話」と呼ばれます。「桃太郎」「かちかち山」「猿蟹合戦」「舌切り雀」「花咲爺」を指しますが、これらの有名な昔話であっても、知らない子どもが最近増えていると聞きます。昔と比べると娯楽が増えたことが主たる原因だと思いますが、昔話はどんどんつまらなく改変されているせいもあるのかもしれません。私は主に児童書の執筆を生業としているので、昔話のリライトを引き受けることも珍しくありません。残酷な場面を柔らかい表現に変えるときは、毎回なんとも複雑な気持ちになります。

日々のそんな思いもあり、本書の執筆はとても幸福な時間でした。各地の「鶴の恩返し」を追っていて「これは鶴の呪いでは!?」とひらめいたとき、「耳なし芳一」の住職はわざと経文を書かなかったと確信したとき、「手なし娘」の継母《ままはは》の苦しみが心に流れ込んできたとき……。数えきれないほどやってくる胸の高鳴りやざわめき。私はもうすっかり、昔話の登場人物と友達になったような気分です。でも友達だからといって、手料理の婆汁をご馳走してくれたりとか、化け物入りの箱をプレゼントしてくれたりとか、頬にこぶをつけてくれたりするのは勘弁して欲しいですけどね。

我が国の誇るべきエンターテイメント「日本昔話」が、未来永劫《えいごう》読み継がれていくことを祈ります。本書がその一助となれば幸いです。

最後に、筆が乗らないときも忍耐強く寄り添ってくださった編集の糸賀蓉子さんに心より感謝申し上げます。

２０２１年３月　ながたみかこ

『はなさかじいさん』（講談社）文：石崎洋司
『お姫様とジェンダー』（ちくま新書）著：若桑みどり

参考サイト

国立国会図書館デジタルコレクション」
https://dl.ndl.go.jp/

「青空文庫」
https://www.aozora.gr.jp/

「アイヌにおける人と動物の婚姻譚に関する比較考察」（高島葉子）
https://core.ac.uk/download/pdf/35273905.pdf

「江戸期昔話絵本『花咲爺』の構造―本文のモチーフ構成（1）」（赤羽根有里子）
https://core.ac.uk/download/pdf/228594039.pdf

「グリム童話と『日本の昔はなし』の比較：一方的恋愛結婚について」（太田伸広）
http://www.crc.mie-u.ac.jp/seeds/pdf/20091222-105432_kenkyu2.pdf

「日本昔話『手なし娘』にみる精神性」（千野美和子）
https://ci.nii.ac.jp/naid/110009555246

参考文献

『民俗学辞典』（東京堂出版）監修：柳田國男

『日本昔話集成』全6巻（角川書店）著：関敬吾

『日本の昔ばなし』全3巻（岩波文庫）編：関敬吾

『民話』（岩波新書）著：関敬吾

『山の人生』（角川ソフィア文庫）著：柳田國男

『一つ目小僧その他』（角川ソフィア文庫）著：柳田國男

『桃太郎の誕生』（角川ソフィア文庫）著：柳田國男

『日本の昔話』（新潮文庫）著：柳田國男

『遠野物語　付・遠野物語拾遺』（角川ソフィア文庫）著：柳田國男

『海上の道』（岩波文庫）著：柳田國男

『宇治拾遺物語』（角川文庫）校註：中島悦次

『昔話と現代』（岩波現代文庫）編：河合俊雄　著：河合隼雄

『定本　昔話と日本人の心』（岩波現代文庫）編：河合俊雄　著：河合隼雄

『新装版　おはなしの知恵』（朝日文庫）著：河合隼雄

『昔話の深層』（講談社＋α文庫）著：河合隼雄

『物語を生きる』（小学館）著：河合隼雄

『平家物語』全2巻（角川ソフィア文庫）校註：佐藤謙三

『江戸怪談集』全3巻（岩波文庫）編・校註：高田衛

『耳鼻削ぎの日本史』（文藝春秋）著：清水克行

『武者小路実篤詩集』（新潮文庫）編：亀井勝一郎

『小泉八雲集』（新潮文庫）訳：上田和夫

『夕鶴・彦一ばなし』（新潮文庫）著：木下順二

『昔話のコスモロジー』（小澤昔ばなし研究所）著：小澤俊夫

『日本昔話の型』（小澤昔ばなし研究所）著：関敬吾　補訂：小澤俊夫

『江戸幻獣博物誌』（青弓社）著：伊藤龍平

『日本妖怪大事典』（角川書店）編著：村上健司

『桃太郎の運命』（ミネルヴァ書房）著：鳥越信

『桃太郎はニートだった！』（講談社＋α新書）著：石井正己

『鬼の研究』（ちくま文庫）著：馬場あき子

『昔ばなしの謎』（角川ソフィア文庫）著：古川のり子

『日本の昔話』（青春文庫）監修：徳田和夫

『つるにょうぼう』（福音館書店）再話：矢川澄子

ツッコミ読み！
裏切りの日本昔話

2021年3月10日　初版第1刷発行

著者　ながたみかこ

イラスト　芦野公平

発行者　池田圭子

発行所　笠間書院

〒101-0064
東京都千代田区神田猿楽町2-2-3
電話03-3295-1331　FAX03-3294-0996

ISBN 978-4-305-70936-3

アートディレクション――細山田光宣
装幀・デザイン――鎌内文（細山田デザイン事務所）
本文組版――CAPS
印刷／製本――モリモト印刷

乱丁・落丁本は送料弊社負担でお取替えいたします。お手数ですが弊社営業部にお送りください。

https://kasamashoin.jp

ながたみかこ

三重県出身、東京都在住の著述家。絵本や童話などの児童書の他、小説やエッセイ、作詞なども手掛ける。言葉遊びや日本の民話、妖怪などの面白さを子ども向けにわかりやすく表現する作品が多い。著書に『日本の妖怪&都市伝説事典』（大泉書店）、『こわくてふしぎな妖怪の話』（池田書店）など。